Mikrovlnná kuchárka

Ušetrite čas a získajte skvelé chute

Jana Krajčovičová

obsahu

Paella

Brány 6

1 kg/2¼ lb vykostené kuracie prsia

30 ml/2 lyžice olivového oleja

2 cibule, nakrájané

2 strúčiky cesnaku, mleté

1 zelená paprika (tuk), zbavená semienok a nakrájaná

225 g/8 oz/1 šálka ryže na rizoto

1 balíček šafranového prášku alebo 5 ml/1 ČL kurkumy

175 g/6 oz/1½ šálky mrazeného hrášku

4 paradajky, blanšírované a olúpané

225g/8oz varené mušle

75 g/3 oz/¾ šálky varenej šunky nakrájanej na kocky

125 g/4 oz/1 šálka lúpaných kreviet (krevety)

600 ml/1 pt/2½ šálky vriacej vody

7,5–10 ml/1½–2 lyžičky soli

Extra varené mušle, varené krevety a kolieska citróna na ozdobu

Položte kurča na okraj zapekacej misky s priemerom 25 cm/10 (holandská rúra) a nechajte v strede otvor. Zakryte potravinovou fóliou (igelitom) a dvakrát prerežte, aby mohla uniknúť para. Varte na plno 15 minút. Tekutinu sceďte a odložte. Kurča nakrájajte na kocky. Umyte a osušte riad. Nalejte olej do panvice a zahrievajte na plný 1 minútu. Zmiešajte cibuľu, cesnak a zelenú papriku. Varte odkryté na plnom ohni 4 minúty. Pridajte všetky zvyšné ingrediencie s kuracím mäsom a rezervným likérom, dobre premiešajte. Prikryte ako predtým a varte na plný 20 minút, pričom panvicu trikrát otočte. Nechajte v rúre 10 minút, potom pečte ďalších 5 minút. Vrch a ozdobte mušľami, krevetami a kolieskami citróna.

Brány 6

Pripravte ako Paellu, ale vynechajte mušle a iné morské plody, ak chcete, a ozdobte kolieskami citróna, 200 g/7 oz konzervované krátke pimientos, nakrájané na prúžky a extra hrášok.

Kurčatá Amandine

Nosíte 4

Typický recept na severoamerickú skratku.

4 kurčatá, asi 450 g / 1 lb každý
300 ml/10 fl oz/1 plechovka Kondenzovaná krémová hubová polievka
150 ml/¼ pt/2/3 šálky stredne suchého sherry
1 strúčik cesnaku, rozdrvený
90 ml/6 polievkových lyžíc pražených mandlí (nakrájaných na plátky).
175 g/6 oz/¾ šálky hnedej ryže, varená
Brokolica

Vložte karbonátky prsiami nadol a v jednej vrstve do veľkej hlbokej misky vhodnej do mikrovlnnej rúry. Zakryte potravinovou fóliou (igelitom) a dvakrát prerežte, aby mohla uniknúť para. Varte na plno 25 minút, pričom panvicu štyrikrát otočte. Otočte kura tak, aby bolo teraz prsiami nahor. Jemne premiešajte vývar so sherry a prípadnou šťavou z varenia kuracieho mäsa. Vmiešame cesnak. Nalejte späť na kurča. Prikryte ako predtým a varte na plný 15 minút, pričom panvicu trikrát otočte. Nechajte 5 minút odstáť. Kuracie mäso preložíme na zohriate taniere a polejeme omáčkou. Posypeme mandľami a podávame s ryžou a brokolicou.

Nosíte 4

Pripravte sa ako na kuracie Amandine, ale hubovú polievku nahraďte kondenzovaným paradajkovým krémom a marsala sherry. Ku koncu varenia pridajte 6 natrhaných lístkov bazalky.

Kuracia pohovka

Nosíte 4

Ďalšia ľahká severoamerická špecialita, tradične vyrobená z

brokolice.

1 veľká hlavička brokolice, uvarená

25 g/1 oz/2 lyžice masla alebo margarínu

45 ml/3 lyžice hladkej (univerzálnej) múky.

150 ml/¼ pt/2/3 šálky teplého kuracieho vývaru

150 ml/¼ lyžičky/2/3 šálky jednoduchého krému (svetlého).

50 g/2 oz/½ šálky červeného syra Leicester, strúhaného

30 ml/2 polievkové lyžice suchého bieleho vína

5 ml/1 ČL jemnej horčice

225 g/8 oz/2 šálky vareného kuracieho mäsa, nakrájaného na kocky

Soľ

Mletý muškátový oriešok

45 ml/3 lyžice strúhaného parmezánu

Paprika

Rozdeľte brokolicu na ružičky a poukladajte na dno jemne maslom vymastenej hlbokej misky s priemerom 25 cm/10 palcov. V samostatnej miske zohrejte maslo alebo margarín na 45 – 60 sekúnd, kým nezačne prskať. Vmiešame múku a postupne vmiešame teplý vývar a smotanu. Varte pri vysokej teplote 4-5 minút, kým nezhustne a za stáleho miešania každú minútu. Vmiešame červený Leicester, víno, horčicu a kuracie mäso. Podľa chuti pridajte soľ a muškátový oriešok.

Brokolicu prelejeme omáčkou. Posypeme parmezánom a paprikou.
Zakryte potravinovou fóliou (igelitom) a dvakrát prerežte, aby mohla
uniknúť para. Ohrievajte v režime rozmrazovania 8-10 minút, kým
nebude horúci.

Kuracie mäso v smotanovej omáčke so zelerom

Nosíte 4

Pripravte ako Chicken Divan, ale nahraďte brokolicu 400g/14oz/1
veľká konzerva srdiečok zeleru, scedené. (Tekutina v plechovke môže
byť rezervovaná pre iné recepty.)

Kuracie mäso v smotanovej omáčke s hranolkami

Nosíte 4

Pripravte ako Chicken Divan, ale vynechajte syrovú a paprikovú
polevu. Namiesto toho posypte 1 malým vreckom nahrubo
rozdrvených zemiakových lupienkov.

Kuracie à la King

Nosíte 4

Ďalší dovoz z USA a inovatívny spôsob, ako spotrebovať zvyšky kuracieho mäsa.

40 g/1½ oz/3 lyžice masla alebo margarínu
40 g/1½ oz/1½ lyžičky hladkej (univerzálnej) múky
300 ml/½ lyžičky/1¼ šálky teplého kuracieho vývaru
60 ml/4 polievkové lyžice dvojitej (ťažkej) smotany.
1 konzervovaná červená paprika, nakrájaná na tenké prúžky
200g/7oz/jazva 1 šálka nakrájaných konzervovaných húb, scedených
Soľ a čerstvo mleté čierne korenie
350 g/12 oz/2 šálky vareného kuracieho mäsa, nakrájaného na kocky
15 ml/1 polievková lyžica stredne suchého sherry
Čerstvo pripravený toast na servírovanie

Vložte maslo alebo margarín do 1,5-litrovej/2½-litrovej/6-hrnkovej panvice (holandská rúra). Zahrievajte, odkryté, na rozmrazovanie po dobu 1 minúty. Vmiešame múku, potom postupne primiešame vývar a smotanu. Varte bez pokrievky na plnom ohni 5-6 minút, kým nezovrie a nezhustne, každú minútu miešajte. Zmiešajte všetky zvyšné ingrediencie a dobre premiešajte. Prikryjeme tanierom a prehrievame maximálne 3 minúty. Pred podávaním na toaste necháme 3 minúty postáť.

Turecko à la King

Nosíte 4

Pripravte ako kurča à la King (vyššie), ale kura nahraďte varenou morčacou.

Kuracie à la King so syrom

Nosíte 4

Pripravte ako kurča à la King (vyššie), ale po 3 minútach zohrievania pridajte 125 g/4 oz/1 šálku strúhaného syra Red Leicester. Zohrievajte nezakryté na plno ďalších 1-1½ minúty, kým sa syr neroztopí.

Kuracie à la King Shortcakes

Nosíte 4

Pripravte ako kurča à la King. Pred podávaním rozbaľte 4 veľké obyčajné alebo syrové krekry a položte základy na štyri nahriate taniere. Navrch dáme kuraciu zmes a prikryjeme pokrievkami. Jedzte horúce.

Nosíte 4

Nízkotučné hlavné jedlo s nízkym obsahom škrobu, ktoré sa môže jesť s brokolicou alebo karfiolom namiesto zemiakov.

15 ml/1 polievková lyžica olivového alebo slnečnicového oleja
1 červená paprika (tučná) bez semien a nakrájaná na tenké plátky
1 veľká mrkva, nakrájaná na tenké plátky
1 veľká cibuľa, nakrájaná na tenké plátky
2 veľké stonky zeleru, nakrájané šikmo na tenké plátky
450 g/1 lb kuracia pečeň, nakrájaná na malé kúsky
10 ml/2 čajové lyžičky kukuričnej múky (kukuričný škrob)
4 veľké paradajky, blanšírované, ošúpané a nahrubo nakrájané
Soľ a čerstvo mleté čierne korenie

Vložte olej do 1,75-litrovej/3-pt/7½-hrnčekovej panvice (holandská rúra). Vmiešame pripravenú zeleninu a bez pokrievky varíme na vysokej teplote 5 minút a dvakrát premiešame. Pečeň vmiešame do zeleniny a odkryté varíme na vysokej teplote 3 minúty, raz premiešame. Primiešame kukuričnú krupicu, paradajky a korenie podľa chuti. Zakryte potravinovou fóliou (igelitom) a dvakrát prerežte, aby mohla uniknúť para. Varte na plný 6 minút, raz otočte.

Nosíte 4

Pripravte sa ako pre Slimmers' Chicken Liver Braise, ale nahraďte kuracie pečene morčacou pečeňou.

Kuracie tetrazzini

Nosíte 4

175 g/6 oz/1½ šálky makarónov, nakrájaných nakrátko
300 ml/10 fl oz/1 plechovka kondenzovaná smotana z kuracieho mäsa
alebo hubová polievka
150 ml/¼ pt/2/3 šálky mlieka
225 g šampiňónov nakrájaných na plátky
350 g/12 oz/2 šálky studeného vareného kuracieho mäsa, nakrájaného
na kocky
15 ml/1 polievková lyžica citrónovej šťavy
50 g/2 oz/¾ šálky lúpaných mandlí (nakrájaných na plátky).
1,5 ml/¼ lyžičky mletého muškátového orieška
75 g/3 oz/¾ šálky syra Cheddar, jemne nastrúhaného

Makaróny uvaríme podľa návodu na obale. Únik. Polievku nalejte do maslom vymastenej zapekacej misky s objemom 1,75 litra/3 litra/7 ½ šálky. Rozšľahajte mlieko. Zahrievajte bez pokrievky na plný 5-6 minút, kým nebude horúca a jemne bublať. Vmiešajte makaróny a všetky zvyšné ingrediencie okrem syra. Zakryte potravinovou fóliou (igelitom) a dvakrát prerežte, aby mohla uniknúť para. Varte na plno 12 minút, pričom panvicu trikrát otočte. Odkryjeme a posypeme syrom. Opečte konvenčne pod horúcim grilom (brojlery).

Kastról s vrstvou kuracieho mäsa a miešanej zeleniny

Nosíte 4

4 veľké pečené zemiaky, nakrájané na tenké plátky

3 uvarené mrkvy, nakrájané na tenké plátky

125 g/4 oz/1 šálka vareného hrášku

125 g/4 oz/1 šálka varenej cukrovej kukurice

4 porcie kuracieho mäsa, každá po 225 g, s kožou

300 ml/10 fl oz/1 plechovka kondenzovaného krému zo zelerovej

polievky alebo inej príchute podľa chuti

45 ml/3 lyžice stredne suchého sherry

30 ml/2 polievkové lyžice jednoduchého krému (svetlého).

1,5 ml/¼ lyžičky strúhaného muškátového orieška

75 g/3 oz/1¼ šálky kukuričných lupienkov, nahrubo rozdrvených

Dno hlbokej, maslom vymastenej misky s priemerom 25 cm/10 vyložte plátkami zemiakov a mrkvy. Posypeme hráškom a sladkou kukuricou a pridáme kuracie mäso. Zakryte potravinovou fóliou (igelitom) a dvakrát prerežte, aby mohla uniknúť para. Varte na vysokej teplote 8 minút, pričom panvicu štyrikrát otočte. Polievku vyšľaháme so všetkými zvyšnými ingredienciami okrem kukuričných lupienkov. Položte na kura. Prikryte ako predtým a varte na plný 11 minút, pričom panvicu dvakrát otočte. Nechajte 5 minút odstáť. Pred podávaním odokryjeme a posypeme kukuričnými lupienkami.

Nosíte 4

25 g/1 oz/2 lyžice masla alebo margarínu

1 veľká cibuľa, nakrájaná

6 kusov slaniny (plátky), nakrájanej

75 g/3 oz/1/3 šálky dlhozrnnej, ľahko variteľnej ryže

300 ml/½ bodu/1¼ šálky horúceho kuracieho vývaru

Čerstvo mleté čierne korenie

4 vykostené kuracie prsia, každé po 175 g

Jemne nastrúhaná kôra a šťava z 1 pomaranča

30 ml/2 polievkové lyžice tmavého číreho medu

5 ml/1 lyžička papriky

5 ml/1 ČL worcesterskej omáčky

Maslo alebo margarín vložte do hlbokej misky s priemerom 20 cm/8. Zahrievajte, odkryté, na plno 1 minútu. Vmiešame cibuľu, slaninu, ryžu, vývar a korenie podľa chuti. Na vrch poukladajte kurča do krúžku. Vyšľahajte pomarančovú kôru a šťavu, med, papriku a worcestrovú omáčku. Položte polovicu na kura. Zakryte potravinovou fóliou (igelitom) a dvakrát prerežte, aby mohla uniknúť para. Varte na plno 9 minút, pričom panvicu trikrát otočte. Objavte. Kurča potrieme zvyšnou medovou zmesou. Varte odkryté na plnom ohni 5 minút. Pred podávaním nechajte 3 minúty postáť.

Kuracie mäso v bielej rumovej omáčke s limetkou

Nosíte 4

25 g/1 oz/2 lyžice masla alebo margarínu

10 ml/2 čajové lyžičky kukuričného alebo slnečnicového oleja

1 pór, nakrájaný na veľmi tenké plátky

1 strúčik cesnaku, rozdrvený

75 g/3 oz/¾ šálky chudej šunky, nasekaná

675g/1½lb vykostené kuracie prsia, nakrájané na malé kúsky

3 paradajky, blanšírované, ošúpané a nahrubo nakrájané

30 ml/2 lyžice bieleho rumu

5 cm/2 v prúžku citrónovej kôry

Šťava z 1 sladkého pomaranča

Soľ

150 ml/¼ pt/2/3 šálky bieleho jogurtu

žerucha (voliteľné)

Vložte maslo alebo margarín a olej do panvice s priemerom 23 cm/9 palcov (holandská rúra). Zahrievajte, odkryté, na plno 1 minútu. Zmiešame pór, cesnak a šunku. Varte odkryté na plnom ohni 4 minúty a dvakrát premiešajte. Vmiešame kura. Prikryjeme tanierom a varíme na plný 7 minút, pričom misku dvakrát otočíme. Pridajte všetky zvyšné ingrediencie okrem jogurtu a žeruchy, ak ich používate. Zakryte potravinovou fóliou (igelitom) a dvakrát prerežte, aby mohla uniknúť para. Varte na vysokej teplote 8 minút, pričom panvicu štyrikrát otočte. Objavte. Zmiešajte jogurt s trochou tekutiny z misky, až kým nebude hladká a krémová, a potom nalejte na kura. Ohrievajte nezakryté na vysokej teplote 1½ minúty. Citrónovú kôru zlikvidujte. Podáva sa ozdobený žeruchou,

Kuracie mäso v brandy omáčke s pomarančmi

Nosíte 4

Pripravte ako kurča v bielej rumovej limetkovej omáčke, ale nahraďte brandy rumom a limetkovou pomarančovou kôrou. Namiesto pomarančovej šťavy použite 60 ml/4 polievkové lyžice zázvorového piva.

Paličky v barbecue omáčke s detskými cestovinami

Nosíte 4

900g/2lb kuracie paličky
2 cibule, nakrájané
2 stonky zeleru, nakrájané
30 ml/2 polievkové lyžice celozrnnej horčice
2,5 ml/½ lyžičky papriky
5 ml/1 ČL worcesterskej omáčky
400g/14oz/1 veľká konzerva nakrájaných paradajok v paradajkovej
šťave
125 g/4 oz/1 šálka akýchkoľvek malých cestovín
7,5 ml/1 ½ lyžičky soli

Umiestnite palice ako lúče kolesa do hlbokej misky s priemerom 25 cm/10 tak, aby konce kostí smerovali do stredu. Zakryte potravinovou fóliou (igelitom) a dvakrát prerežte, aby mohla uniknúť para. Varte na vysokej teplote 8 minút, pričom panvicu trikrát otočte. Medzitým dáme zeleninu do misky a zmiešame zvyšné suroviny. Vyberte hrniec s kuracím mäsom z mikrovlnnej rúry, odokryte a nalejte šťavu z varenia kurčaťa do zeleninovej zmesi. Dobre premiešajte. Lyžičkou cez paličky. Prikryte ako predtým a varte na plný 15 minút, pričom panvicu trikrát otočte. Pred podávaním nechajte 5 minút postáť.

Nosíte 4

4 vykostené kuracie prsia, každé po 175 g, s kožou

30 ml/2 polievkové lyžice kukuričného oleja

1 veľká cibuľa nakrájaná nadrobno

1 zelená paprika (tuk), zbavená semienok a nakrájaná

1 strúčik cesnaku, rozdrvený

30 ml/2 polievkové lyžice hladkej (univerzálnej) múky.

3 celé klinčeky

1 bobkový list

2,5 ml/½ čajovej lyžičky mletej škorice

5 ml/1 čajová lyžička soli

150 ml/¼ pt/2/3 šálky paradajkovej šťavy

50 g/2 oz/½ šálky hladkej (polosladkej) čokolády nalámanej na kúsky

175 g/6 oz/¾ šálky dlhozrnnej ryže, varená

15 ml/1 polievková lyžica cesnakového masla

Položte kurča na stranu hlbokej misky s priemerom 20 cm/8. Zakryte potravinovou fóliou (igelitom) a dvakrát prerežte, aby mohla uniknúť para. Varte na plno 6 minút. Nechajte odležať, kým pripravíte omáčku. V samostatnom hrnci zohrievajte olej, odokrytý, na vysokej teplote 1 minútu. Vmiešame cibuľu, zelenú papriku a cesnak. Varte bez pokrievky na plnom ohni 3 minúty a dvakrát premiešajte. Primiešame múku, potom klinčeky, bobkový list, škoricu, soľ a paradajkovú šťavu. Varte odkryté na plnom ohni 4 minúty a každú minútu miešajte.

Odstráňte z mikrovlnnej rúry. Pridajte čokoládu a dobre premiešajte. Varte bez pokrievky na vysokej teplote 30 sekúnd. Kura odkryjeme a podlejeme horúcou omáčkou. Prikryjeme ako predtým a varíme na plno 8 minút. Nechajte 5 minút odstáť. Podávame s ryžou, poliate cesnakovým maslom.

Kuracie krídelká v barbecue omáčke s cestovinami pre deti

Nosíte 4

Pripravte ako paličky v grilovanej omáčke s detskými cestovinami, ale nahraďte ich kuracie krídelká.

Kuracie Jambalaya

3-4 porcie

Hotfoot z Louisiany, to je úžasné jedlo z ryže a kuracieho mäsa,
príbuzné paelly.

2 vykostené kuracie prsia
50 g/2 oz/¼ šálky masla alebo margarínu
2 veľké cibule, nakrájané
1 červená paprika (tuk), zbavená semienok a nakrájaná
4 stonky zeleru, nakrájané
2 strúčiky cesnaku, mleté
225 g/8 oz/1 šálka dlhozrnnej, ľahko variteľnej ryže
400g/14oz/1 veľká konzerva nakrájaných paradajok v paradajkovej
šťave
10–15 ml/2–3 ČL soli

Položte kurča na stranu hlbokej misky s priemerom 25 cm/10. Zakryte potravinovou fóliou (igelitom) a dvakrát prerežte, aby mohla uniknúť para. Varte na plno 7 minút. Nechajte 2 minúty odstáť. Kurča preložíme na stôl a nakrájame na kocky. Nalejte šťavu z varenia kuracieho mäsa do hrnčeka a odložte. Umyte a osušte misku, pridajte maslo a roztopte, odkryté, na vysokej teplote 1,5 minúty. Vmiešame odloženú tekutinu, kuracie mäso, pripravenú zeleninu, cesnak, ryžu a paradajky. Dochutíme soľou. Prikryte ako predtým a varte na plnom ohni 20-25 minút, kým zrnká ryže nie sú suché a neabsorbujú všetku vlhkosť. Necháme 5 minút postáť, popicháme vidličkou a ihneď podávame.

Turecko Jambalaya

3-4 porcie

Pripravte sa ako pri Chicken Jambalaya, ale vymeňte morčacie prsia za kuracie.

Kuracie mäso s gaštanmi

Nosíte 4

25 g/1 oz/2 lyžice masla alebo margarínu
2 veľké cibule, olúpané a nastrúhané
430 g/15 oz/1 veľká krabička nesladené gaštanové pyré
2,5 ml/½ lyžičky soli
4 kuracie prsia bez kože a kostí, každé po 175 g
3 paradajky, blanšírované, olúpané a nakrájané na plátky
30 ml/2 lyžice nasekanej petržlenovej vňate
Červená kapusta a varené zemiaky na servírovanie

Maslo alebo margarín vložte do hlbokej misky s priemerom 20 cm/8. Roztopte, odkryté, na rozmrazovanie 1½ minúty. Vmiešame cibuľu. Varte odkryté na plnom ohni 4 minúty. Lyžicou nalejte gaštanové pyré a soľ a dobre premiešajte, dobre premiešajte s cibuľou. Rozložte v rovnomernej vrstve na dno misky a položte kuracie prsia na vrch, okolo okraja misky. Navrch poukladáme plátky paradajok a posypeme petržlenovou vňaťou. Zakryte potravinovou fóliou (igelitom) a dvakrát prerežte, aby mohla uniknúť para. Varte na plno 15 minút, panvicu trikrát otočte. Nechajte 4 minúty odstáť. Podávame s červenou kapustou a zemiakmi.

Gumbo kura

Brány 6

Kríženec polievky a duseného mäsa, Gumbo je južanský komfort a jeden z najlepších exportov Louisiany. Základom je okra (dámske prsty) a hnedá zápražka s pridanou zeleninou, korením, vývarom a kuracím mäsom.

50 g/2 oz/¼ šálky masla

50 g/2 oz/½ šálky hladkej (univerzálnej) múky.

900 ml/1½ ks/3¾ šálky horúcej kuracie polievky

350g/12oz okra (dámske prsty), so špičkou a chvostom

2 veľké cibule, nakrájané nadrobno

2 strúčiky cesnaku, mleté

2 veľké stonky zeleru, nakrájané na tenké plátky

1 zelená paprika (tuk), zbavená semienok a nakrájaná

15–20 ml/3–4 ČL soli

10 ml/2 čajové lyžičky mletého koriandra (koriandra)

5 ml/1 ČL kurkumy

5–10 ml/1–2 ČL mletého nového korenia

30 ml/2 polievkové lyžice citrónovej šťavy

2 bobkové listy

5–10 ml/1–2 ČL čili omáčky

450 g/1 lb/4 šálky uvareného, strúhaného kuracieho mäsa

175 g/6 oz/¾ šálky dlhozrnnej ryže, varená

Maslo vložte do 2,5-litrovej/4½-litrovej/11-šálkovej panvice (holandská rúra). Zahrievajte, odkryté, na plno 2 minúty. Primiešame múku. Varte bez pokrievky na plnom 7 minút a každú minútu miešajte, kým zmes nezíska svetlohnedú zápražku, farbu dobre upečeného koláčika. Postupne vmiešame horúci vývar. Každú okra nakrájajte na osem kusov a pridajte do kastróla so všetkými zvyšnými ingredienciami okrem kuracieho mäsa a ryže. Zakryte potravinovou fóliou (igelitom) a dvakrát prerežte, aby mohla uniknúť para. Varte na plno 15 minút. Vmiešame kura. Prikryjeme ako predtým a varíme na plno 15 minút. Nechajte 5 minút odstáť. Premiešame a dáme do polievkových misiek. Do každého pridajte kopec ryže.

Brány 6

Pripravte ako kuracie Gumbo, ale kura nahraďte varenou morčacou.

Kuracie prsia s hnedou pomarančovou pastou

Nosíte 4

*60 ml/4 lyžice pomarančového džemu (z konzervy) alebo jemne
nasekanej marmelády*
15 ml/1 polievková lyžica sladového octu
15 ml/1 polievková lyžica sójovej omáčky
1 strúčik cesnaku, rozdrvený
2,5 ml/½ čajovej lyžičky mletého zázvoru
7,5 ml/1 ½ ČL kukuričnej krupice (kukuričný škrob)
4 vykostené kuracie prsia, každé po 200 g, s kožou
Čínske rezance, varené

Zmiešajte všetky ingrediencie okrem kuracieho mäsa a rezancov v
malej miske. Zahrievajte, odkryté, na plný 50 sekúnd. Kuracie prsia
poukladajte na okraj hlbokej misky s priemerom 20 cm/8. Nalejte viac
ako polovicu tuku. Prikryjeme tanierom a varíme na plný 8 minút,
pričom misku dvakrát otočíme. Prsia otočíme a potrieme zvyšnou
nátierkou. Prikryjeme ako predtým a varíme na plno ďalších 8 minút.
Necháme 4 minúty postáť, potom podávame s čínskymi rezancami.

Kuracie mäso v smotanovej paprikovej omáčke

Brány 6

25 g/1 oz/2 lyžice masla alebo margarínu

1 malá cibuľa, nakrájaná nadrobno

4 vykostené kuracie prsia

15 ml/1 polievková lyžica kukuričnej múky (kukuričný škrob)

30 ml/2 polievkové lyžice studenej vody

15 ml/1 polievková lyžica paradajkového pretlaku (pasta)

20–30 ml/4–6 polievkových lyžíc fľaškovaného alebo konzervovaného

madagaskarského zeleného korenia

150 ml/¼ pt/2/3 šálky smotany (mliečna).

5 ml/1 čajová lyžička soli

275 g/10 oz/1 ¼ šálky dlhozrnnej ryže, varená

Maslo alebo margarín vložte do hlbokej misky s priemerom 20 cm/8. Roztopte, odkryté, na vysokej teplote 45-60 sekúnd. Pridajte cibuľu. Varte odokryté na plnom ohni 2 minúty. Kuracie prsia nakrájajte cez zrno na pásiky široké 2,5 cm/1. Maslo a cibuľu dobre premiešajte. Zakryte potravinovou fóliou (igelitom) a dvakrát prerežte, aby mohla uniknúť para. Varte na plno 6 minút, panvicu trikrát otočte. Medzitým jemne zmiešame maizenu so studenou vodou. Zmiešajte všetky zvyšné ingrediencie okrem ryže. Zmiešajte s kuracím mäsom a cibuľou, presuňte zmes na okraje misky a nechajte v strede malú medzeru. Prikryte ako predtým a varte na plný 8 minút, pričom panvicu štyrikrát otočte. Nechajte 4 minúty odstáť. Pred podávaním premiešame s ryžou.

Morka v smotanovo paprikovej omáčke

Brány 6

Pripravte ako kura v smotanovej paprikovej omáčke, ale kura nahraďte morčacími prsiami.

Kurča z lesa

Nosíte 4

4 kuracie štvrtky na koži, každá po 225 g

30 ml/2 polievkové lyžice kukuričného alebo slnečnicového oleja

175 g (6 oz) nasekaných kúskov slaniny (plátkov).

1 cibuľa, nakrájaná

175 g šampiňónov, nakrájané na plátky

300 ml/½ pt/1¼ šálky pasírovaných paradajok (passata)

15 ml/1 polievková lyžica hnedého octu

15 ml/1 polievková lyžica citrónovej šťavy

30 ml/2 lyžice svetlohnedého cukru

5 ml/1 ČL pripravenej horčice

30 ml/2 polievkové lyžice worcestrovej omáčky

Nasekané lístky koriandra (koriandra) na ozdobu

Položte kurča na stranu zapekacej misy s priemerom 25 cm/10 palcov (holandská rúra). Zakryte potravinovou fóliou (igelitom) a dvakrát prerežte, aby mohla uniknúť para. Olej nalejte do samostatného hrnca a 1 minútu zohrievajte na plno. Pridajte slaninu, cibuľu a huby. Varte odkryté na plnom ohni 5 minút. Zmiešajte všetky zvyšné ingrediencie. Kuracie mäso varte prikryté na plno 9 minút, pričom panvicu dvakrát otočte. Prikryjeme a navrch nasypeme zeleninovú zmes. Prikryte ako predtým a varte na plný 10 minút, pričom panvicu trikrát otočte. Nechajte 5 minút odstáť. Pred podávaním posypte koriandrom.

Nosíte 4

25 g/1 oz/2 lyžice masla alebo margarínu

900 g/2 lb kuracie kĺby

2 cibule, nakrájané

3 Cox jablká, ošúpané a nakrájané

30 ml/2 lyžice hrozienok

1 strúčik cesnaku, mletý

30 ml/2 polievkové lyžice hladkej (univerzálnej) múky.

250 ml/8 fl oz/1 šikovná šálka

2 kocky hovädzieho vývaru

2,5 ml/½ lyžičky sušeného tymiánu

Soľ a čerstvo mleté čierne korenie

30 ml/2 lyžice nasekanej petržlenovej vňate

Maslo alebo margarín vložte do panvice s priemerom 25 cm/10 (holandská rúra). Roztopte, odkryté, na rozmrazovanie 1–1½ minúty. Pridajte kuracie mäso. Zakryte potravinovou fóliou (igelitom) a dvakrát prerežte, aby mohla uniknúť para. Varte na plno 8 minút. Odkryte a otočte kurča. Prikryjeme ako predtým a varíme na plno ďalších 7 minút. Odkryjeme a posypeme cibuľou, jablkami, hrozienkami a cesnakom. Jemne premiešajte múku s časťou shandy, potom vmiešajte zvyšné shandy. Omáčku rozdrobíme na kocky, pridáme tymián a dochutíme. Nalejte na kura. Prikryjeme ako predtým a varíme na Plne 8 minút, kým tekutina nebude bublať a mierne zhustne. Nechajte 5 minút odstáť. Odkryjeme a posypeme petržlenovou vňaťou.

Kuracie mäso s hruškami a hrozienkami

Nosíte 4

Pripravte sa ako jablko a hrozienka kura, ale nahraďte jablká hruškami a shandy jablčným muštom.

Kuracie mäso s grapefruitom

Nosíte 4

2 stonky zeleru
30 ml/2 lyžice masla alebo margarínu
1 veľká cibuľa, najemno nastrúhaná
4 veľké kuracie kĺby, celkovo 1 kg/2¼ lb, s kožou
Hladká (univerzálna) múka.
1 veľký ružový grapefruit
150 ml/¼ pt/2/3 šálky bieleho alebo ružového vína
30 ml/2 lyžice paradajkového pretlaku (pasta)
1,5 ml/¼ lyžičky sušeného rozmarínu
5 ml/1 čajová lyžička soli

Zeler nakrájajte cez zrno na úzke pásiky. Maslo alebo margarín vložte do hlbokej misky s priemerom 25 cm/10. Roztopte, odkryté, na plno po dobu 30 sekúnd. Vmiešame cibuľu a zeler. Varte bez pokrievky na plno 6 minút. Kuracie mäso jemne poprášte múkou a potom ho poukladajte na okraj misky. Zakryte potravinovou fóliou (igelitom) a dvakrát prerežte, aby mohla uniknúť para. Varte na plno 10 minút, panvicu trikrát otočte. Medzitým ošúpeme grapefruit a rozrežeme ho na kúsky medzi membránami. Odkryjeme kurča a rozložíme naň kúsky grapefruitu. Víno vyšľaháme s paradajkovým pretlakom, rozmarínom a soľou a zalejeme kura. Prikryjeme ako predtým a varíme na plno 10 minút. Pred podávaním nechajte 5 minút postáť.

Nosíte 4

25 g/1 oz/2 lyžice masla alebo bravčovej masti
2 veľké cibule, nakrájané
1 malá zelená (tučná) paprika
3 malé cukety (cukety), nakrájané na tenké plátky
450 g/1 lb vykostené kuracie prsia, nakrájané na kocky
15 ml/1 lyžica papriky
45 ml/3 lyžice paradajkového pretlaku (pasta)
150 ml/¼ pt/2/3 šálky smotany (mliečna).
5–7,5 ml/1–1½ lyžičky soli

Maslo alebo masť vložte do panvice s priemerom 25 cm/10 (holandská rúra). Zahrievajte nezakryté v režime rozmrazovania 1–1½ minúty. Vmiešame cibuľu. Varte odkryté na plnom ohni 3 minúty. Zmiešame zelenú papriku, cuketu, kuracie mäso, papriku a paradajkový pretlak. Zakryte potravinovou fóliou (igelitom) a dvakrát prerežte, aby mohla uniknúť para. Varte na plno 5 minút, panvicu trikrát otočte. Objavte. Postupne pracujeme so smotanou a soľou. Prikryjeme ako predtým a varíme na plno 8 minút. Nechajte 5 minút postáť, potom premiešajte a podávajte.

Brány 6

Gurmánske hlavné jedlo, tradičnejšie vyrobené z hovädzieho mäsa, ale ľahšie s kuracím mäsom.

25 g/1 oz/2 lyžice masla alebo margarínu

2 cibule, nakrájané

1 strúčik cesnaku, rozdrvený

750 g / 1 ½ lb kuracie prsia, nakrájané na kocky

30 ml/2 polievkové lyžice kukuričnej múky (kukuričný škrob)

5 ml/1 čajová lyžička kontinentálnej horčice

2,5 ml/½ lyžičky zmesi suchých bylín

300 ml/½ bodu/1¼ šálky burgundského vína

225 g šampiňónov nakrájaných na tenké plátky

5–7,5 ml/1–1½ lyžičky soli

45 ml/3 lyžice nasekanej petržlenovej vňate

Maslo alebo margarín vložte do panvice s priemerom 25 cm/10 (holandská rúra). Roztopte, odkryté, na rozmrazovanie 1½ minúty. Vmiešame cibuľu a cesnak. Prikryjeme tanierom a varíme na plno 3 minúty. Odkryjeme a vmiešame kura. Zakryte potravinovou fóliou (igelitom) a dvakrát prerežte, aby mohla uniknúť para. Varte na plno 8 minút. Jemne vmiešame kukuričnú krupicu a horčicu s trochou burgundy, potom vmiešame zvyšok. Nalejte na kura. Posypeme hubami a soľou. Prikryjeme ako predtým a varíme na plný 8-9 minút, pričom hrncom štyrikrát otočíme, kým omáčka nezhustne a nebude bublať. Nechajte 5 minút postáť, potom dobre premiešajte a pred podávaním posypte petržlenovou vňaťou.

Brány 6

Oživenie špeciálnej kurčiat z 20. a 30. rokov, vždy s nadýchanou maslovou bielou ryžou a grilovanými (grilovanými) rolkami slaniny. Chce to veľkú mikrovlnku.

1,5 kg/3 lb kuracie kĺby s kožou
1 cibuľa, nakrájaná na 8 plátkov
2 veľké stonky zeleru, nakrájané na hrubé plátky
1 malá mrkva, nakrájaná na tenké plátky
2 hrubé plátky citróna
1 malý bobkový list
2 celé klinčeky
Vetvičky petržlenu
10 ml/2 lyžičky soli
300 ml/½ bodu/1¼ šálky horúcej vody
150 ml/¼ lyžičky/2/3 šálky jednoduchého krému (svetlého).
40 g/1½ oz/3 lyžice masla alebo margarínu
40 g/1½ oz/1½ lyžičky hladkej (univerzálnej) múky
Šťava z 1 malého citróna
Soľ a čerstvo mleté čierne korenie

Umiestnite kurča do zapekacej misy s priemerom 30 cm/12 (holandská rúra). Pridajte cibuľu, zeler a mrkvu do misky s kolieskami citróna, bobkovým listom, klinčekmi a 1 vetvičkou petržlenu. Posypte soľou a pridajte vodu. Zakryte potravinovou fóliou (igelitom) a dvakrát prerežte, aby mohla uniknúť para. Varte na plno 24 minút, pričom hrniec trikrát otočte. Zoberte kura. Mäso zbavíme kostí a nakrájame na malé kúsky. Preceďte tekutinu z hrnca a odložte si 300 ml/½ pt/1¼ šálky. Vmiešame smotanu. Vložte maslo do veľkej plytkej misy. Roztopte, odkryté, na plno 1½ minúty. Vmiešame múku, potom postupne vmiešame teplý vývar a zmes smotany. Varte bez pokrievky na vysokej teplote 5-6 minút, každú minútu miešajte, kým nezhustne a nebude bublať. Pridajte citrónovú šťavu, vmiešame kuracie mäso a okoreníme podľa chuti. Prikryte ako predtým a zohrievajte na plný 5 minút, pričom hrniec dvakrát otočte. Pred ozdobením vetvičkami petržlenu a podávaním nechajte 4 minúty postáť.

Kuracie fricasée s vínom

Brány 6

Pripravte ako kuracie Fricassée, ale použite len 150 ml/¼ pt/2/3 šálky rezervovaného vývaru a pridajte 150 ml/¼ pt/2/3 šálky suchého bieleho vína.

Špičkové kura

Brány 6

Pripravte ako kuracie Fricasée. Po 5-minútovom zohrievaní na konci a odstátí zašľaháme 2 žĺtky zmiešané s extra 15 ml/1 polievkovú lyžicu smotany. Teplo zo zmesi uvarí žĺtky.

Coq au Vin

Brány 6

50 g/2 oz/¼ šálky masla alebo margarínu

1,5 kg/3 lb kuracie kĺby s kožou

1 veľká cibuľa nakrájaná nadrobno

1 strúčik cesnaku, rozdrvený

30 ml/2 polievkové lyžice hladkej (univerzálnej) múky.

300 ml/½ pt/1¼ šálky suchého červeného vína

1 hovädzia polievková kocka

5 ml/1 čajová lyžička soli

12 šalotiek alebo nakladanej cibule

60 ml/4 lyžice nasekanej petržlenovej vňate

1,5 ml/¼ lyžičky sušeného tymiánu

Varené zemiaky a ružičkový kel na servírovanie

Maslo alebo margarín vložte do panvice s priemerom 30 cm (holandská rúra). Zahrievajte, odkryté, na plno 1 minútu. Pridajte kúsky kurčaťa a raz otočte, aby boli všetky kúsky pokryté maslom, ale nechajte ich v jednej vrstve. Zakryte potravinovou fóliou (igelitom) a dvakrát prerežte, aby mohla uniknúť para. Varte na plno 15 minút, panvicu trikrát otočte. Odkryjeme a posypeme kura s cibuľou a cesnakom. Do vína postupne primiešavame múku, podľa potreby miešame, aby sme odstránili hrudky. Rozdrobíme do kocky vývaru a pridáme soľ. Vínovou zmesou zalejeme kura. Obklopte cibuľkou alebo cibuľkou a posypte petržlenovou vňaťou a tymianom. Prikryte ako predtým a varte na plný 20 minút, pričom panvicu trikrát otočte. Nechajte odstáť 6 minút.

Coq au Víno s hubami

Brány 6

Pripravte sa ako na Coq au Vin, ale nahraďte šalotkou alebo nakladanou cibuľkou 125g/4oz húb.

Coq má kolu

Brány 6

Pripravte sa ako na Coq au Vin, ale nahraďte víno kolou, aby bolo jedlo vhodnejšie pre deti.

Devild cover drums

Nosíte 4

15 ml/1 polievková lyžica prášku z anglickej horčice

10 ml/2 čajové lyžičky horúceho kari

10 ml/2 lyžičky papriky

1,5 ml/¼ lyžičky kajenského korenia

2,5 ml/½ lyžičky soli

1 kg/2¼ lb kuracích stehien (asi 12)

45 ml/3 lyžice cesnakového masla

Vmiešame horčicu, kari, papriku, kajenské korenie a soľ. Použite na zakrytie všetkých strán tyčiniek. Umiestnite do hlbokej misky s priemerom 25 cm/10 ako lúče kolesa s koncami kostí smerom do stredu. Maslo, odkryté, roztopíme na plný 1 minútu. Valčeky potrieme rozpusteným maslom. Zakryte potravinovou fóliou (igelitom) a dvakrát prerežte, aby mohla uniknúť para. Varte na plný 16 minút, pričom hrniec dvakrát otočte.

Lovci kurčiat

Brány 6

1,5 kg / 3 lb kuracie kúsky

15 ml/1 polievková lyžica olivového oleja

1 veľká cibuľa nakrájaná nadrobno

1 strúčik cesnaku, rozdrvený

30 ml/2 polievkové lyžice hladkej (univerzálnej) múky.

5 paradajok, blanšírovaných, olúpaných a nakrájaných

150 ml/¼ pt/2/3 šálky horúceho vývaru

45 ml/3 lyžice paradajkového pretlaku (pasta)

15 ml/1 polievková lyžica hnedej stolovej omáčky

125 g šampiňónov nakrájaných na plátky

10 ml/2 lyžičky soli

10 ml/2 čajové lyžičky jemného tmavohnedého cukru

45 ml/3 polievkové lyžice marsala alebo stredne suché sherry

Krémové zemiaky a miešaný šalát na servírovanie

Vložte kurča do 12-palcovej (30 cm) panvice (holandská rúra).
Zakryte potravinovou fóliou (igelitom) a dvakrát prerežte, aby mohla
uniknúť para. Varte na plný 15 minút, pričom hrniec dvakrát otočte.
Medzitým pripravte klasickú omáčku. Nalejte olej do hrnca a pridajte
cibuľu a cesnak. Zľahka opečieme (popražíme), kým jemne
nezozlatnú. Vmiešame múku, potom pridáme paradajky, vývar, pretlak
a hnedú omáčku. Varte za stáleho miešania, kým omáčka nezovrie a
nezhustne. Všetky zvyšné ingrediencie zmiešame a nalejeme na kura.
Prikryte ako predtým a varte na plný 20 minút, pričom panvicu trikrát

otočte. Nechajte 5 minút odstáť. Podávame so zemiakovým krémom a miešaným šalátom.

Prenasledovateľ kurčiat

Brány 6

Pripravte sa ako kuracie Cacciatore, ale suché biele víno nahraďte marsalou alebo sherry.

Kuracie Marengo

Brány 6

Vynájdený okolo roku 1800 osobným šéfkuchárom Napoleona Bonaparteho na bojiskách po rakúskej porážke v bitke pri Marengu pri Verone na severe Talianska.

Pripravte sa ako kuracie Cacciatore, ale použite iba 50 g/2oz húb a suché biele víno nahraďte marsalou alebo sherry. Pri zmiešaní všetkých zvyšných ingrediencií pridajte 12–16 malých čiernych olív bez kôstok a 60 ml/4 polievkové lyžice nasekanej petržlenovej vňate.

Sezamové kura

Nosíte 4

50 g/2 oz/¼ šálky masla alebo margarínu, zmäkčeného

15 ml/1 polievková lyžica jemnej horčice

5 ml/1 ČL cesnakového pyré (pasta)

5 ml/1 ČL paradajkového pretlaku (pasta)

90 ml/6 polievkových lyžíc sezamových semienok, jemne opražených

4 porcie kurčaťa, každá 225g/8oz, s kožou

Krémové maslo alebo margarín s horčicou a cesnakom a paradajkovým pretlakom. Vmiešame sezamové semienka. Zmes rovnomerne rozotrieme na kura. Umiestnite do hlbokej misky s priemerom 25 cm/10 palcov, pričom v strede nechajte otvor. Varte pri vysokej teplote 16 minút, pričom panvicu štyrikrát otočte. Pred podávaním nechajte 5 minút postáť.

Ľahké východoindické kuracie kari, ktoré do južných štátov Severnej Ameriky dávno priviezol scestovaný námorný kapitán. V USA sa to stalo niečo ako orientálny pohotovostný režim.

50 g/2 oz/¼ šálky masla alebo margarínu

2 cibule, nakrájané

1 stonka zeleru, nakrájaná

1,5 kg/3 lb kuracie kĺby s kožou

15 ml/1 polievková lyžica hladkej (univerzálnej) múky.

15 ml/1 polievková lyžica jemného kari

60 ml/4 polievkové lyžice mandlí, blanšírovaných, olúpaných, rozpolených a jemne opražených

1 malá zelená (tučná) paprika zbavená semienok a nakrájaná nadrobno

45 ml/3 polievkové lyžice sultánky (zlaté hrozienka)

10 ml/2 lyžičky soli

400g/14oz/1 veľká konzerva nakrájaných paradajok

5 ml/1 lyžička cukru

275 g/10 oz/1¼ šálky dlhozrnnej ryže, varená

Maslo alebo margarín vložte do panvice s priemerom 30 cm (holandská rúra). Zahrievajte, odkryté, na vysokej teplote 1,5 minúty.

Pridajte cibuľu a zeler a dobre premiešajte. Varte bez pokrievky na plnom ohni 3 minúty a dvakrát premiešajte. Pridajte kuracie kĺby a vmiešajte zmes masla a zeleniny, kým nie sú dobre pokryté. Prisypeme múku, kari, mandle, korenie a sultánky. Zakryte potravinovou fóliou (igelitom) a dvakrát prerežte, aby mohla uniknúť para. Varte na plno 8 minút. Zmiešajte soľ s paradajkami a cukrom. Kura odkryjeme a prelejeme paradajkami. Prikryte ako predtým a varte na plný 21 minút, pričom panvicu dvakrát otočte. Pred podávaním s ryžou necháme 5 minút postáť.

Kuracie mäso v paradajkovej a kapárovej omáčke

Brány 6

6 kuracích kĺbov, každý po 225 g, s kožou

Hladká (univerzálna) múka.

50 g/2 oz/¼ šálky masla alebo margarínu

3 plátky slaniny, nasekané

2 veľké cibule, nakrájané

2 strúčiky cesnaku, mleté

15 ml/1 polievková lyžica kapary, nasekané

400g/14oz/1 veľká konzerva nakrájaných paradajok

15 ml/1 polievková lyžica jemného tmavohnedého cukru

5 ml/1 čajová lyžička suchej bylinkovej zmesi

15 ml/1 polievková lyžica paradajkového pretlaku (pasta)

15 ml/1 polievková lyžica nasekaných lístkov bazalky

15 ml/1 polievková lyžica nasekanej petržlenovej vňate

Kuracie kĺby poprášime múkou. Maslo alebo margarín vložte do panvice s priemerom 30 cm (holandská rúra). Zahrievajte, odkryté, na plno 2 minúty. Slaninu, cibuľu, klinčeky a kapary zmiešame. Varte odkryté na plnom ohni 4 minúty a dvakrát premiešajte. Pridajte kurča a miešajte, kým nie je dobre pokryté zmesou masla alebo margarínu. Zakryte potravinovou fóliou (igelitom) a dvakrát prerežte, aby mohla uniknúť para. Varte na plno 12 minút, pričom panvicu trikrát otočte. Odkryte a pridajte zvyšné ingrediencie, dobre premiešajte. Prikryjeme ako predtým a varíme na plno 18 minút. Pred podávaním nechajte 6 minút postáť.

Kuracia paprika

Nosíte 4

Výslovná paprika, táto kuracia fantázia súvisí s gulášom, jedným z najznámejších maďarských jedál.

1,5 kg / 3 lb kuracie kúsky

1 veľká cibuľa, nakrájaná

1 zelená paprika (tuk), zbavená semienok a nakrájaná

1 strúčik cesnaku, rozdrvený

30 ml/2 lyžice kukuričného oleja alebo roztopenej bravčovej masti

45 ml/3 lyžice hladkej (univerzálnej) múky.

15 ml/1 lyžica papriky

300 ml/½ lyžičky/1¼ šálky teplého kuracieho vývaru

30 ml/2 lyžice paradajkového pretlaku (pasta)

5 ml/1 čajová lyžička jemného tmavohnedého cukru

2,5 ml/½ čajovej lyžičky rasce

5 ml/1 čajová lyžička soli

150 ml/5 fl oz/2/3 šálky crème fraîche

Malé tvary cestovín, varené

Kuracie kúsky vložte do zapekacej misy s priemerom 30 cm/12 (holandská rúra). Zakryte potravinovou fóliou (igelitom) a dvakrát prerežte, aby mohla uniknúť para. Varte na plný 15 minút, pričom hrniec dvakrát otočte. Medzitým pripravte klasickú omáčku. Cibuľu, papriku, cesnak a olej dáme do hrnca (panvice) a opekáme (podusíme), kým zelenina nezmäkne, ale nezhnedne. Primiešame múku a papriku, potom postupne primiešame vývar. Za stáleho miešania priveďte do varu. Zmiešajte zvyšné ingrediencie okrem crème fraîche a cestovín. Kurča odkryjeme a zalejeme omáčkou, pričom do nej zapracujeme šťavu, ktorá je už v nádobe. Navrch položte lyžičky crème fraîche. Prikryte ako predtým a varte na plný 20 minút, pričom panvicu trikrát otočte. Podávame s malými cestovinami.

Kurčatá v odtieňoch východu

6-8 porcií

Indické a indonézske vplyvy a chute sa spájajú v tomto skutočne skvelom recepte na kuracie mäso.

15 ml/1 polievková lyžica arašidového oleja (arašidy).

3 stredné cibule, nakrájané

2 strúčiky cesnaku, mleté

900 g/2 lb vykostené kuracie prsia, zbavené kože a nakrájané na tenké prúžky

15 ml/1 polievková lyžica kukuričnej múky (kukuričný škrob)

60 ml/4 lyžice chrumkavého arašidového masla

150 ml/¼ pt/2/3 šálky vody

7,5 ml/1 ½ lyžičky soli

10 ml/2 ČL jemnej kari pasty

2,5 ml/½ ČL mletého koriandra (koriandra)

2,5 ml/½ čajovej lyžičky mletého zázvoru

Semená z 5 strukov kardamónu

60 ml/4 polievkové lyžice solených lieskových orieškov, nahrubo nasekaných

2 paradajky, nakrájané na plátky

Olej zohrejte na panvici s priemerom 25 cm/10 palcov (holandská rúra), nezakrytú, na 1 minútu. Pridajte cibuľu a cesnak a varte bez pokrievky na vysokej teplote 3 minúty a dvakrát premiešajte.

Vmiešame kurča a varíme bez pokrievky na vysokej teplote 3 minúty, pričom každú minútu premiešame vidličkou, aby sa oddelilo.

Kukuričná múka je posypaná. Pracujte so všetkými zvyšnými ingredienciami okrem lieskových orechov a paradajok. Zakryte potravinovou fóliou (igelitom) a dvakrát prerežte, aby mohla uniknúť para. Varte maximálne 19 minút, pričom panvicu štyrikrát otočte. Nechajte 5 minút odstáť. Pred podávaním premiešame a ozdobíme lieskovými orieškami a plátkami paradajok.

Nasi Goreng

Brány 6

Holandsko-indonézska špecialita.
175 g/6 oz/¾ šálky dlhozrnnej, ľahko variteľnej ryže
50 g/2 oz/¼ šálky masla alebo margarínu
2 cibule, nakrájané
2 póry, iba biela časť, nakrájané na veľmi tenké plátky
1 zelené čili, zbavené semienok a nakrájané (voliteľné)
350 g/12 oz/3 šálky studeného vareného kuracieho mäsa, nahrubo
nakrájaného
30 ml/2 polievkové lyžice sójovej omáčky
1 klasická omeleta nakrájaná na pásiky
1 veľká paradajka, nakrájaná na plátky

Ryžu uvaríme podľa návodu na obale. Necháme vychladnúť. Maslo alebo margarín vložte do panvice s priemerom 25 cm/10 (holandská rúra). Zahrievajte, odkryté, na plno 1 minútu. Vmiešajte cibuľu, pór a čili, ak používate. Varte odkryté na plnom ohni 4 minúty. Zmiešajte ryžu, kuracie mäso a sójovú omáčku. Zakryte tanierom a varte na plnom ohni 6-7 minút, trikrát premiešajte, až kým nebude horúca. Ozdobte krížovým vzorom pásikov omelety a plátkov paradajok.

Morčací steak

PORCIE 6

1 morka, požadovaná veľkosť (povoľuje 350 g/12 oz) surová hmotnosť na osobu)

To je dosť

Špičky krídel a konce nôh zakryte fóliou. Umiestnite moriaka prsiami nadol do dostatočne veľkej misky, aby ste v nej mohli vtáka pohodlne držať. Nebojte sa, ak sa telo zdvihne nad okraj. Prikryjeme potravinovou fóliou (igelitovou fóliou) a 4-krát prepichneme. Varte pri vysokej teplote 4 minúty pri 450 g/1 lb. Vyberte z rúry a opatrne vtáčika otočte tak, aby prsia boli teraz navrchu. Husto natrite pastou, ak je vták obyčajný, použite pastu na báze tuku a ak sa morka sama pečie, beztukovú pastu. Prikryte ako predtým a varte na plno ďalšie 4 minúty pri 450 g/1 lb. Preložíme do vykrajovacej misky a prikryjeme fóliou. Nechajte 15 minút postáť a potom nakrájajte.

Nosíte 4

30 ml/2 lyžice olivového oleja
4 vykostené morčacie prsia, každé 175 g/6 oz
1 cibuľa, nakrájaná
12 plnených olív, nasekaných
2 natvrdo uvarené vajcia (strany 98–9), olúpané a nakrájané
30 ml/2 polievkové lyžice nasekaných uhoriek
2 paradajky, nakrájané na tenké plátky

Olej zohrejte v hlbokej hrnci s priemerom 20 cm/8 v nezakrytom stave na 1 minútu. Pridajte morku a dobre premiešajte olej, aby sa obe strany dobre obalili. Zmiešajte cibuľu, olivy, vajcia a uhorky a lyžicou rovnomerne nalejte na morku. Ozdobte plátkami paradajok. Zakryte potravinovou fóliou (igelitom) a dvakrát prerežte, aby mohla uniknúť para. Varte na plno 15 minút, pričom hrniec päťkrát otočte. Pred podávaním nechajte 5 minút postáť.

Morčacie tacos

Nosíte 4

Pre tacos:

450 g/1 lb/4 šálky mletého moriaka

1 malá cibuľa, nakrájaná

2 strúčiky cesnaku, mleté

5 ml/1 ČL rascových semienok, podľa potreby mletých

2,5–5 ml/½–1 lyžičky čili prášku

30 ml/2 polievkové lyžice nasekaných listov koriandra (koriandra).

5 ml/1 čajová lyžička soli

60 ml/4 polievkové lyžice vody

Kúpené 4 veľké tortilly

Nastrúhaný šalát

Na ozdobu avokáda:

1 veľké zrelé avokádo

15–20 ml/3–4 ČL horúcej salsy z obchodu

Šťava z 1 limetky

Soľ

60 ml/4 lyžice kyslej smotany (mliečnej).

Na prípravu tacos vyložte dno misky s priemerom 20 cm/8 morčacím mäsom. Prikryjeme tanierom a varíme na plno 6 minút. Zrnko mäsa rozdrobíme vidličkou. Zmiešajte všetky zvyšné ingrediencie okrem tortilly a šalátu. Zakryte potravinovou fóliou (igelitom) a dvakrát prerežte, aby mohla uniknúť para. Varte na vysokej teplote 8 minút,

65

pričom panvicu štyrikrát otočte. Nechajte 4 minúty odstáť. Dobre premiešajte. Na tortilly položte rovnaké množstvo morčacej zmesi, pridajte trochu hlávkového šalátu a zrolujte. Preložíme do misky a udržiavame v teple.

Na prípravu avokádového dresingu rozrežte avokádo na polovicu, vydlabte dužinu a pyré. Zmiešajte salsu, citrónovú šťavu a soľ. Tacos preložíme na štyri zohriate taniere, na každý nasypeme avokádovú zmes a 15 ml/1 polievkovú lyžicu kyslej smotany. Jedzte ihneď.

Palacinkové tacos

Nosíte 4

Pripravte sa ako na Turkey Tacos, ale tortilly z obchodu nahraďte štyrmi veľkými domácimi palacinkami.

Morčací chlieb

Nosíte 4

450 g/1 lb surová mletá morka (mletá).

1 strúčik cesnaku, rozdrvený

30 ml/2 polievkové lyžice hladkej (univerzálnej) múky.

2 veľké vajcia, rozšľahané

10 ml/2 lyžičky soli

10 ml/2 ČL sušeného tymiánu

5 ml/1 ČL worcesterskej omáčky

20 ml/4 čajové lyžičky mletého muškátového orieška

Zemiaky v šupke

Varený karfiol

Syrová omáčka

Morku, cesnak, múku, vajcia, soľ, tymián, worčestrovú omáčku a muškátový oriešok zmiešame. Mokrými rukami vytvarujte bochník s priemerom 15 cm. Preložíme do hlbokej misky, prikryjeme potravinovou fóliou (igelitovou fóliou) a dvakrát prekrojíme, aby mohla uniknúť para. Varte na plno 9 minút. Nechajte 5 minút odstáť. Nakrájajte na štyri porcie a podávajte so zemiakmi v šupke a karfiolom, zaliate syrovou omáčkou a klasicky opečte na grile (brojler).

Nosíte 4

Užitočný recept na spotrebovanie zvyškov vianočného moriaka.

30 ml/2 polievkové lyžice kukuričného alebo slnečnicového oleja

1 veľká cibuľa, nakrájaná na veľmi tenké plátky

1 strúčik cesnaku, rozdrvený

30 ml/2 lyžice hrozienok

30 ml/2 polievkové lyžice sušeného kokosu (strúhaného).

25 ml/1 ½ lyžičky hladkej (univerzálnej) múky.

20 ml/4 ČL horúceho kari

300 ml/½ pt/1¼ šálky vriacej vody

30 ml/2 polievkové lyžice jednoduchého krému (svetlého).

2,5 ml/½ lyžičky soli

Šťava z ½ citróna

350 g/12 oz/3 šálky studenej varenej morky, nakrájanej na kocky

Indický chlieb, miešaný šalát a chutney na servírovanie

Vložte olej do 1,5 l/2½ pt/6 šálky hrnca s cibuľou, cesnakom, hrozienkami a kokosom. Dobre premiešajte. Varte odkryté na plnom ohni 3 minúty. Múku, kari, vodu, smotanu, soľ, citrónovú šťavu a morku zmiešame. Prikryjeme tanierom a 2x premiešame na 6-7 minút, kým kari nezhustne a nebude bublať. Nechajte 3 minúty odstáť. Premiešame a podávame s indickým chlebom, šalátom a chutney.

Nosíte 4

30 ml/2 lyžice masla alebo margarínu

10 ml/2 lyžičky olivového oleja

2 cibule, nakrájané

15 ml/1 polievková lyžica jemného kari

30 ml/2 polievkové lyžice hladkej (univerzálnej) múky.

150 ml/¼ lyžičky/2/3 šálky jednoduchého krému (svetlého).

90 ml/6 lyžíc bieleho jogurtu gréckeho typu

1 strúčik cesnaku, rozdrvený

30 ml/2 lyžice paradajkového pretlaku (pasta)

5 ml/1 ČL garam masala

5 ml/1 čajová lyžička soli

Šťava z 1 malej limetky

4 dezertné jablká, ošúpané, zbavené jadrovníkov, nakrájané na

štvrtiny a nakrájané na tenké plátky

30 ml/2 polievkové lyžice ľubovoľného ovocného chutney

450 g/1 lb/4 šálky studenej varenej morky, nakrájanej na kocky

Vložte maslo alebo margarín a olej do panvice s priemerom 25 cm/10 (holandská rúra). Zahrievajte, odkryté, na vysokej teplote 1,5 minúty. Vmiešame cibuľu. Varte bez pokrievky na plnom ohni 3 minúty a dvakrát premiešajte. Zmiešame kari, múku, smotanu a jogurt. Varte odokryté na plnom ohni 2 minúty. Pridajte všetky zvyšné ingrediencie.

Prikryjeme tanierom a varíme na plnom ohni 12-14 minút za stáleho miešania každých 5 minút, kým nie je horúca.

Nosíte 4

75 g/3 oz/3/8 šálky masla alebo margarínu

60 ml/4 polievkové lyžice strúhaného parmezánu

2,5 ml/½ lyžičky sušeného tymiánu

1,5 ml/¼ čajovej lyžičky sušenej šalvie

5 ml/1 ČL strúhanej citrónovej kôry

4 veľké krajce bieleho alebo hnedého chleba

1 cibuľa, nakrájaná

50 g šampiňónov nakrájaných na plátky

45 ml/3 lyžice hladkej (univerzálnej) múky.

300 ml/½ lyžičky/1¼ šálky teplého kuracieho vývaru

15 ml/1 polievková lyžica citrónovej šťavy

45 ml/3 polievkové lyžice jednoduchého krému (svetlého).

225 g/8 oz/2 šálky studeného vareného kuracieho mäsa, nakrájaného na kocky

Soľ a čerstvo mleté čierne korenie

Polovicu masla alebo margarínu smotajte so syrom, tymianom, šalviou a citrónovou kôrou. Natierajte na chlieb a potom nakrájajte každý plátok na štyri trojuholníky. Zvyšok masla alebo margarínu vložte do hlbokej misky s priemerom 20 cm/8. Zahrievajte, odkryté, na vysokej teplote 1,5 minúty. Pridajte cibuľu a huby. Varte bez pokrievky na plnom ohni 3 minúty a dvakrát premiešajte. Vmiešame múku, potom postupne primiešame vývar, citrónovú šťavu a smotanu. Vmiešame kura a okoreníme podľa chuti. Zakryte tanierom a zahrievajte 8 minút, pričom trikrát premiešajte, kým sa nezahreje. Odstráňte z mikrovlnnej rúry. Navrch poukladáme maslom natreté trojuholníky a opečieme na rozpálenom grile (brojler).

Morčacie a ryžové kastról s plnkou

4-5 porcií

225 g/8 oz/1 šálka dlhozrnnej, ľahko variteľnej ryže
300 ml/10 fl oz/1 plechovka Kondenzovaná krémová hubová polievka
300 ml/½ pt/1¼ šálky vriacej vody
225 g/8 oz/2 šálky sladkej kukurice (kukurica)
50 g/2 oz/½ šálky nasekaných nesolených vlašských orechov
175 g/6 oz/1½ šálky varenej morky, nakrájanej na kocky
50g/2oz studená plnka, nakrájaná na kocky
Coleslaw, slúžiť

Vložte všetky ingrediencie okrem náplne do zapekacej misky s objemom 1,75 litra/3 litre/7½ šálky. Dobre premiešajte. Zakryte potravinovou fóliou (igelitom) a dvakrát prerežte, aby mohla uniknúť para. Varte na plno 25 minút. Prikryjeme a miešame vidličkou, aby sa ryža roztiahla. Prikryjeme studenou plnkou. Prikryjeme tanierom a varíme na plno 2 minúty. Nechajte 4 minúty odstáť. Znova nafúknite a zajedzte kapustovým šalátom.

Morčacie prsia s pomarančovou polevou

Porcie 4–6

Pre malé rodiny, ktoré chcú slávnostné jedlo s minimálnymi zvyškami.

40 g/1½ oz/3 lyžice masla

15 ml/1 polievková lyžica paradajkového kečupu (catsup)

10 ml/2 čajové lyžičky tmavej melasy (melasy)

5 ml/1 lyžička papriky

5 ml/1 ČL worcesterskej omáčky

Jemne nastrúhaná kôra z 1 satsumy alebo klementínky

Štipka mletých klinčekov

1,5 ml/¼ čajovej lyžičky mletej škorice

1 celé morčacie prsia, približne 1 kg/2¼ lb

Všetky ingrediencie okrem moriaka dobre premiešajte v miske. Zahrievajte, odkryté, na rozmrazovanie po dobu 1 minúty. Morčacie prsia vložte do misky s priemerom 25 cm/10 palcov (holandská rúra) a posypte polovicou prášku do pečiva. Zakryte potravinovou fóliou (igelitom) a dvakrát prerežte, aby mohla uniknúť para. Varte na plno 10 minút. Morčacie prsia otočíme a potrieme zvyšnou nátierkou. Prikryjeme ako predtým a varíme na plno ďalších 10 minút, pričom panvicu trikrát otočíme. Pred krájaním nechajte 7-10 minút postáť.

Sladkokyslá kačica

Nosíte 4

1 kačica, asi 2,25 kg/5 lb, umytá a vysušená
45 ml/3 lyžice mangového chutney
Fazuľové klíčky
175 g/6 oz/¾ šálky hnedej ryže, varená

Položte kačicu hore dnom na prevrátený čajový tanier do zapekacej misky s priemerom 25 cm/10 (holandská rúra). Zakryte potravinovou fóliou (igelitom) a dvakrát prerežte, aby mohla uniknúť para. Varte na plno 20 minút. Opatrne odstráňte tuk a šťavu. Kačku otočíme a prsia potrieme chutney. Prikryjeme ako predtým a varíme na plno ďalších 20 minút. Nakrájajte na štyri porcie a podávajte s fazuľovými klíčkami a ryžou.

Nosíte 4

45 ml/3 lyžice hladkého marhuľového džemu (zaváranie)
30 ml/2 polievkové lyžice čínskeho ryžového vína
10 ml/2 ČL jemnej horčice
5 ml/1 čajová lyžička citrónovej šťavy
10 ml/2 lyžičky sójovej omáčky
1 kačica, asi 2,25 kg/5 lb, umytá a vysušená

Do malej misky dáme marhuľový džem, ryžové víno, horčicu, citrónovú šťavu a sójovú omáčku. Zahrievajte 1-1½ minúty a dvakrát premiešajte. Položte kačicu hore dnom na prevrátený čajový tanier do zapekacej misky s priemerom 25 cm/10 (holandská rúra). Zakryte potravinovou fóliou (igelitom) a dvakrát prerežte, aby mohla uniknúť para. Varte na plno 20 minút. Opatrne odstráňte tuk a šťavu. Kačku otočíme a prsia natrieme marhuľovou nátierkou. Prikryjeme ako predtým a varíme na plno 20 minút. Nakrájajte na štyri časti a podávajte.

Kačica s pomarančovou omáčkou

Nosíte 4

Luxus najvyššej triedy, ktorý sa ľahko pripravuje v mikrovlnnej rúre za zlomok času, ktorý zvyčajne trvá. Ozdobte žeruchou a plátkami čerstvého pomaranča pre ozdobu večierka.

1 kačica, asi 2,25 kg/5 lb, umytá a vysušená

Na omáčku:

Jemne nastrúhaná kôra z veľkého pomaranča

Šťava z 2 pomarančov

30 ml/2 lyžice nasekanej citrónovej marmelády

15 ml/1 polievková lyžica želé z červených ríbezlí (číra konzerva)

30 ml/2 polievkové lyžice pomarančového likéru

5 ml/1 ČL sójovej omáčky

10 ml/2 čajové lyžičky kukuričnej múky (kukuričný škrob)

Položte kačicu hore dnom na prevrátený čajový tanier do zapekacej misky s priemerom 25 cm/10 (holandská rúra). Zakryte potravinovou fóliou (igelitom) a dvakrát prerežte, aby mohla uniknúť para. Varte na plno 20 minút. Opatrne odstráňte tuk a šťavu. Otočte kačicu. Prikryjeme ako predtým a varíme na plno 20 minút. Nakrájajte na štyri časti, preložte do servírovacej misky a udržiavajte v teple. Odstráňte tuk zo šťavy na varenie.

Na prípravu omáčky vložte všetky ingrediencie okrem kukuričnej múčky do odmerky. Pridajte odstredenú šťavu z varenia. Doplňte do 300 ml/½ bodu/1¼ šálky horúcej vody. Kukuričnú krupicu rozmixujte na riedku kašu s niekoľkými lyžicami studenej vody. Pridajte do džbánu a dobre premiešajte. Varte odkryté na plnom ohni 4 minúty a trikrát premiešajte. Kačku prelejeme a ihneď podávame.

Kačica vo francúzskom štýle

Nosíte 4

1 kačica, asi 2,25 kg/5 lb, umytá a vysušená

12 sušených sliviek s kôstkami

1 stonka zeleru nakrájaná nadrobno

2 strúčiky cesnaku, mleté

Na omáčku:

300 ml/½ pt/1¼ šálky suchého jablčného muštu

5 ml/1 čajová lyžička soli

10 ml/2 polievkové lyžice paradajkového pretlaku (pasta)

30 ml/2 polievkové lyžice crème fraîche

15 ml/1 polievková lyžica kukuričnej múky (kukuričný škrob)

Varené tagliatelle na servírovanie

Položte kačicu hore dnom na prevrátený čajový tanier do zapekacej misky s priemerom 25 cm/10 (holandská rúra). Sušené slivky, zeler a cesnak rozmiestnite okolo kačice. Misu prikryte potravinovou fóliou (igelitovou fóliou) a dvakrát ju prerežte, aby mohla uniknúť para. Varte na plno 20 minút. Opatrne odokryjeme a zlejeme a necháme si tuk a šťavu. Otočte kačicu. Prikryjeme ako predtým a varíme na plno 20 minút. Nakrájajte na štyri časti, preložte do servírovacej misky a udržiavajte v teple. Odstráňte tuk zo šťavy na varenie.

Na prípravu omáčky vložte mušt do odmerky. Zmiešajte soľ, paradajkový pretlak, crème fraîche, odstredenú šťavu z varenia a kukuričnú krupicu. Varte odkryté na plnom ohni 4-5 minút, kým nezhustne a nezabubláva, každú minútu premiešajte. Prelejeme kačicu a slivky a podávame s tagliatelle.

Položte kĺb kožou nahor na špeciálny mikrovlnný stojan vo veľkej miske. Zakryte kusom potravinovej fólie (igelitovej fólie). Pre každých 450 g/1 lb povoľte nasledujúce časy varenia:

- Bravčové mäso - 9 minút

- Šunka - 9 minút

- Jahňacie - 9 minút

- Hovädzie mäso - 6-8 minút

Otočte panvicu každých 5 minút pre rovnomerné varenie a chráňte si ruky chňapkami. V polovici pečenia necháme 5-6 minút odpočívať. Na konci varenia spoj preložíme na vykrajovaciu dosku a prikryjeme dvojitou vrstvou alobalu. Pred krájaním necháme 5-8 minút odležať v závislosti od veľkosti.

Sladkokyslé bravčové kotlety s pomarančom a limetkou

Nosíte 4

4 bravčové kotlety, každá po 175 g/6 oz po orezaní

60 ml/4 polievkové lyžice paradajkového kečupu (catsup)

15 ml/1 polievková lyžica teriyaki omáčky

20 ml/4 lyžičky sladového octu

5 ml/1 čajová lyžička jemne nastrúhanej limetkovej kôry

Šťava z 1 pomaranča

1 strúčik cesnaku, drvený (voliteľné)

350 g/12 oz/1½ šálky hnedej ryže, varená

Umiestnite kotlety do hlbokej misky s priemerom 25 cm/10. Všetky zvyšné ingrediencie okrem ryže vyšľaháme a lyžicou premiešame kotlety. Zakryte potravinovou fóliou (igelitom) a dvakrát prerežte, aby mohla uniknúť para. Varte na plno 12 minút, pričom panvicu štyrikrát otočte. Pred podávaním s hnedou ryžou necháme 5 minút postáť.

8-10 porcií

Osvedčená a overená všestranná rodinná terina. Vynikajúce je podávané horúce, nakrájané s omáčkou alebo portugalskou omáčkou alebo rustikálnou paradajkovou omáčkou a doplnené zemiakovým krémom alebo makarónovým syrom a rozmanitou zeleninou. Prípadne ho jedzte studený s bohatým majonézovým alebo šalátovým dresingom a šalátom. Na sendviče nakrájajte na tenké plátky a použite ako plnku so šalátom, nasekanou jarnou cibuľkou a paradajkami alebo podávané s cornichonmi a chlebom so sýpkou majú vlastnosti klasického predjedla na francúzsky spôsob.

125 g/4¾ oz/3½ plátkov svetlého bieleho chleba
450 g/1 lb chudé mleté hovädzie mäso (mleté).
450 g/1 lb/4 šálky mletého moriaka (mletého).
10 ml/2 lyžičky soli
3 strúčiky cesnaku, mleté
4 veľké vajcia, rozšľahané
10 ml/2 čajové lyžičky worcesterskej omáčky
10 ml/2 ČL tmavej sójovej omáčky
10 ml/2 ČL pripravenej horčice

Hlbokú misku s priemerom 23 cm/9 zľahka vymastíme. Chlieb rozdrobte v kuchynskom robote. Pridajte všetky zvyšné ingrediencie a mixujte, kým sa zmes nespojí. (Nepremixujte, chlieb bude ťažký a hustý.) Rozotrite do pripravenej misky. Do stredu zatlačte pohár s detským džemom (konzerva) alebo pohár na vajíčka s rovnou stranou tak, aby mäsová zmes vytvorila prstenec. Zakryte potravinovou fóliou (igelitom) a dvakrát prerežte, aby mohla uniknúť para. Varte na plný 18 minút, pričom hrniec dvakrát otočte. Chlieb sa zo stien nádoby stiahne. Pri podávaní horúce nechajte 5 minút postáť.

Terina z morky a klobásy

8-10 porcií

Pripravte ako Meatloaf, ale nahraďte mleté (mleté) hovädzie mäso 450 g / 1 lb hovädzieho alebo bravčového mäsa. Varte maximálne 18 minút namiesto 20 minút.

Bravčové kotlety so zipsovým dresingom

Nosíte 4

4 bravčové kotlety, každá po 175 g/6 oz po orezaní
30 ml/2 lyžice masla alebo margarínu
5 ml/1 lyžička papriky
5 ml/1 ČL sójovej omáčky
5 ml/1 ČL worcesterskej omáčky

Umiestnite kotlety do hlbokej misky s priemerom 25 cm/10. Maslo alebo margarín rozpustite v režime rozmrazovania na 1½ minúty. Zvyšné ingrediencie rozšľaháme a nalejeme na kotlety. Zakryte potravinovou fóliou (igelitom) a dvakrát prerežte, aby mohla uniknúť para. Varte na plno 9 minút, pričom panvicu štyrikrát otočte. Nechajte 4 minúty odstáť.

Havajská kastról z bravčového a ananásového mäsa

Brány 6

Delikátnosť, jemnosť a jemná chuť charakterizujú tento recept mäsa a ovocia z tropického ostrova Havaj.

15 ml/1 polievková lyžica arašidového oleja (arašidy).
1 cibuľu nakrájanú nadrobno
2 strúčiky cesnaku, mleté
900g/2lb bravčová panenka, nakrájaná na kocky
15 ml/1 polievková lyžica kukuričnej múky (kukuričný škrob)
400 g/14 oz/3½ šálky konzervovaného drveného ananásu v prírodnej šťave
45 ml/3 lyžice sójovej omáčky
5 ml//1 lyžička mletého zázvoru
Čerstvo mleté čierne korenie

Dno a boky hlbokej misky s priemerom 23 cm/9 potrieme olejom. Pridajte cibuľu a cesnak a bez pokrievky varte 3 minúty na vysokej teplote. Zmiešajte bravčové mäso, kukuričnú múku, ananás a šťavu, sójovú omáčku a zázvor. Dochutíme korením. Usporiadajte do krúžku okolo vnútorného okraja misky a nechajte v strede malú medzeru. Zakryte potravinovou fóliou (igelitom) a dvakrát prerežte, aby mohla uniknúť para. Varte pri vysokej teplote 16 minút, pričom panvicu štyrikrát otočte. Nechajte 5 minút postáť, potom pred podávaním premiešajte.

Hawaiian Gammon a ananásový kastról

Brány 6

Pripravte sa ako v prípade havajského bravčového a ananásového kastróla, ale nahraďte bravčové mäso kockami neúdeného, jemného šunka.

Slávnostný gammon

10-12 porcií

Ideálny na vianočný alebo novoročný bufet, šunka v mikrovlnnej rúre
je vlhká a šťavnatá a krásne sa vyrezáva. Toto je maximálna veľkosť
pre uspokojivý výsledok.

Gammonový kĺb, maximálna hmotnosť 2,5 kg / 5½ lb
50 g/2 oz/1 šálka opraženej strúhanky
Celé klinčeky

Spoj sa najprv konvenčne prevarí, aby sa znížila slanosť. Vložte
gammon do veľkého hrnca, zalejte studenou vodou, priveďte do varu a
sceďte. Opakujte. Odvážte odkvapkaný kĺb a nechajte ho 8 minút variť
v režime Full pri 450 g/1 lb. Spoj umiestnite priamo na sklenený
podnos vnútri mikrovlnnej rúry alebo ho umiestnite do veľkej plytkej
misy. Ak je tam úzky koniec, zabaľte ho do kúska fólie, aby ste
zabránili prepečeniu. Gammon prikryte kuchynským papierom a varte
polovicu času varenia. Necháme 30 minút postáť v mikrovlnke.
Odstráňte fóliu, ak je použitá, spoj otočte a prikryte kuchynským
papierom. Dokončite varenie a nechajte pôsobiť ďalších 30 minút.
Preložíme na tanier. Odstráňte kožu, tuk nakrájajte na kocky, potom
posypeme omrvinkami. Každý diamant namažte klinčekom.

Glazovaný Gala Gammon

10-12 porcií

Gammonový kĺb, maximálna hmotnosť 2,5 kg / 5½ lb

50 g/2 oz/1 šálka opraženej strúhanky

Celé klinčeky

60 ml/4 polievkové lyžice cukru demerara

10 ml/2 ČL horčičného prášku

60 ml/4 lyžice masla alebo margarínu, rozpusteného

5 ml/1 ČL worcesterskej omáčky

30 ml/2 polievkové lyžice šťavy z bieleho hrozna

Koktailové čerešne

Pripravte sa ako na Festive Gammon, ale každý náhradný diamant nabrúste klinčekom. Na prípravu polevy zmiešajte cukor, horčicu, maslo alebo margarín, worcesterskú omáčku a hroznovú šťavu. Gammon preložíme na tácku a tuk zalejeme polevou. Kĺb varte bežným spôsobom pri 190 °C/375 °F/plyn 5 po dobu 25-30 minút, kým tuk nie je zlatohnedý. Zvyšné tukové diamanty zamávajte kokteilovými čerešňami nalepenými na koktailových paličkách (špárátkach).

Brány 6

Pripravte ako na Paellu, ale kuracie mäso nahraďte nahrubo nakrájanou salámou.

Mäsové guľky na švédsky spôsob

Nosíte 4

Známy ako kottbullar, je to jedno zo švédskych národných jedál, kde sa podáva s varenými zemiakmi, brusnicovou omáčkou, omáčkou a miešaným šalátom.

75 g/3 oz/1½ šálky čerstvej bielej strúhanky
1 cibuľu nakrájanú nadrobno
225g/8oz/2 šálky mletého (mletého) chudého bravčového mäsa.
225 g/8 oz/2 šálky mletého hovädzieho mäsa (mleté).
1 veľké vajce
2,5 ml/½ lyžičky soli
175 ml/6 fl oz/1 malá plechovka odpareného mlieka
2,5 ml/½ ČL mletého nového korenia
25 g/1 oz/2 lyžice margarínu

Všetky ingrediencie okrem margarínu dobre premiešame. Vytvarujte 12 guľôčok rovnakej veľkosti. Zapekaciu nádobu zohrejte v mikrovlnnej rúre podľa pokynov na strane 14 alebo v návode na použitie dodanom s nádobou alebo mikrovlnnou rúrou. Pridajte margarín a s rukami chránenými v rukaviciach otáčajte nádobou, kým nebude dno úplne zakryté. V tomto momente bude aj prskať. Pridajte mäsové guľky a ihneď ich celé opečte. Zakryte potravinovou fóliou (igelitom) a dvakrát prerežte, aby mohla uniknúť para. Varte maximálne 9 a pol minúty, pričom panvicu štyrikrát otočte. Pred podávaním nechajte 3 minúty postáť.

Prekvapivo chrumkavá koža na bravčovom mäse vďaka dlhej dobe pečenia mäsa.

Vyberte si nohu, ktorá umožňuje 175 g/6 oz na osobu. Nožom zapracujeme kožu a husto posypeme soľou a jemne paprikou. Položte kĺb kožou nahor na špeciálny mikrovlnný stojan vo veľkej miske. Prikryjeme kusom pergamenu. Otvorte steak takto, nechajte 9 minút na každých 450 g/1 lb. Otočte panvicu každých 5 minút pre rovnomerné varenie a chráňte si ruky chňapkami. V polovici varenia nechajte 6 minút odpočívať. Na konci varenia spoj preložíme na vykrajovaciu dosku a prikryjeme dvojitou vrstvou alobalu. Pred krájaním a podávaním so zeleninou a šalviou a cibuľovou plnkou necháme 8 minút postáť.

Pripravte ako oškvarkovú pečené bravčové mäso, ale potrite vrchom z 90 ml/6 PL tmavého číreho medu zmiešaného s 20 ml/1 PL pripravenej horčice a 10 ml/2 PL worcesterskej omáčky a potom posypte soľou a paprikou.

Bravčové kotlety s červenou kapustou

Nosíte 4

Zimný biznis, keď na Vianoce zapĺňajú regály poháre a plechovky s
červenou kapustou. Jedzte so zemiakovou kašou a paštrnákom.

450 g / 1 lb varenej červenej kapusty
4 paradajky, blanšírované, olúpané a nakrájané
10 ml/2 lyžičky soli
4 bravčové kotlety, každá po 175 g/6 oz po orezaní
10 ml/2 lyžičky sójovej omáčky
2,5 ml/½ čajovej lyžičky cesnakovej soli
2,5 ml/½ lyžičky papriky
15 ml/1 polievková lyžica jemného tmavohnedého cukru

Kapustu poukladajte na dno zapekacej misy s priemerom 20 cm/8 (holandská rúra). Paradajky a soľ zmiešame a navrch poukladáme kotlety. Zalejeme sójovou omáčkou a posypeme zvyšnými ingredienciami. Zakryte potravinovou fóliou (igelitom) a dvakrát prerežte, aby mohla uniknúť para. Varte na plno 15 minút, pričom panvicu štyrikrát otočte. Pred podávaním nechajte 4 minúty odstáť.

Bravčové filé na rumunský spôsob

Nosíte 4

15 ml/1 polievková lyžica olivového oleja
1 malá cibuľa, nakrájaná
1 strúčik cesnaku, rozdrvený
4 plátky bravčového karé, každý 125 g/4 oz, rozdrvené na tenko
60 ml/4 polievkové lyžice paradajkovej šťavy
5 ml/1 ČL sušeného oregana
125g/4oz syr Mozzarella, nakrájaný na plátky
30 ml/2 polievkové lyžice kapary
Polenta

Nalejte olej do hlbokej misky s priemerom 25 cm/10. Úplne zahrievajte 1 minútu. Zmiešajte cibuľu a cesnak. Varte odkryté na plnom ohni 4 minúty a dvakrát premiešajte. Pridajte bravčové mäso do misky v jednej vrstve. Varte odokryté na plnom ohni 2 minúty. Otočte a varte ďalšie 2 minúty. Pokvapkáme paradajkovou šťavou a oreganom, navrch dáme plátky mozzarelly a posypeme kaparami. Zakryte potravinovou fóliou (igelitom) a dvakrát prerežte, aby mohla uniknúť para. Dôkladne povarte 2-3 minúty alebo kým sa syr neroztopí. Pred podávaním s kyslou smotanou necháme 1 minútu postáť.

Bravčová panenka a zeleninový kastról

6-8 porcií

15 ml/1 polievková lyžica slnečnicového alebo kukuričného oleja

1 cibuľa, strúhaná

2 strúčiky cesnaku, mleté

675g/1½lb bravčovej panenky, nakrájanej na 1,5cm/¾ plátkov

30 ml/2 polievkové lyžice hladkej (univerzálnej) múky.

5 ml/1 čajová lyžička sušeného majoránu

5 ml/1 čajová lyžička jemne nastrúhanej pomarančovej kôry

200 g/7 oz/1¾ šálky konzervovaného alebo rozmrazeného zmiešaného

mrazeného hrášku a mrkvy

200 g/7 oz/1½ šálky sladkej kukurice (kukurica)

300 ml/½ pt/1¼ šálky ružového vína

150 ml/¼ pt/2/3 šálky horúcej vody

5 ml/1 čajová lyžička soli

Nalejte olej do 2-litrovej/3½-litrovej/8½-hrnkovej panvice (holandská rúra). Zahrievajte, odkryté, na plno 1 minútu. Vmiešame cibuľu a cesnak. Varte odkryté na plnom ohni 4 minúty a dvakrát premiešajte. Pridajte bravčové mäso. Misu prikryjeme tanierom a 4 minúty varíme na plno. Primiešajte múku, uistite sa, že kúsky mäsa sú dobre obalené. Pridajte všetky zvyšné ingrediencie okrem soli. Zakryte potravinovou fóliou (igelitom) a dvakrát prerežte, aby mohla uniknúť para. Varte maximálne 17 minút, pričom panvicu štyrikrát otočte. Pred dochutením soľou a podávaním nechajte 5 minút odstáť.

Chilli bravčové kotlety

Nosíte 4

4 kotlety z bravčového rebierka, každá po 225 g, chudé
10 ml/2 čajové lyžičky chilli alebo cajunského korenia
5 ml/1 ČL cesnakového prášku
400g/14oz/1 veľká plechovka červenej fazule, scedená
400g/14oz/1 veľká konzerva nakrájaných paradajok
30 ml/2 lyžice čerstvého nasekaného koriandra
2,5 ml/½ lyžičky soli

Umiestnite kotlety do hlbokej misky s priemerom 30 cm/12. Posypeme korením a cesnakovým práškom. Zakryte potravinovou fóliou (igelitom) a dvakrát prerežte, aby mohla uniknúť para. Varte na plný 8 minút, panvicu dvakrát otočte. Odkryjeme a natrieme fazuľou a paradajkami aj so šťavou. Posypeme koriandrom a soľou. Prikryjeme ako predtým a varíme na plný 15 minút, pričom 3-krát otočíme. Pred podávaním nechajte 5 minút postáť.

Bravčové mäso s chutney a mandarínkami

Nosíte 4

4 kotlety z bravčového rebierka, každá po 225 g, chudé

350g/12oz/1 veľká plechovka mandarínkových segmentov vo svetlom

sirupe

5 ml/1 lyžička papriky

20 ml/4 lyžičky sójovej omáčky

45 ml/3 lyžice ovocného chutney, podľa potreby nasekané

2 strúčiky cesnaku, mleté

Ryža s kari

Umiestnite kotlety do hlbokej misky s priemerom 30 cm/12.
Mandarínky sceďte, nechajte si 30 ml/2 polievkové lyžice sirupu a
ovocie rozdeľte na kotlety. Odložený sirup vyšľaháme so zvyšnými
ingredienciami okrem ryže a lyžicou premiešame mandarínky. Zakryte
potravinovou fóliou (igelitom) a dvakrát prerežte, aby mohla uniknúť
para. Varte na plno 20 minút, pričom panvicu štyrikrát otočte.
Necháme 5 minút postáť, potom podávame s ryžou.

Grilované rebierka.

Nosíte 4

1 kg/2¼ lb rebier z bravčového karé alebo náhradných rebier
50 g/2 oz/¼ šálky masla alebo margarínu
15 ml/1 polievková lyžica paradajkového kečupu (catsup)
10 ml/2 lyžičky sójovej omáčky
5 ml/1 lyžička papriky
1 strúčik cesnaku, rozdrvený
5 ml/1 ČL horúcej chilli omáčky

Bravčové mäso umyjeme a osušíme a rozdelíme na jednotlivé rebrá. Usporiadajte do najväčšej okrúhlej, plytkej misky, ktorá sa pohodlne zmestí do mikrovlnnej rúry, s úzkou stranou každého rebra smerom do stredu. Zakryte potravinovou fóliou (igelitom) a dvakrát prerežte, aby mohla uniknúť para. Varte na plno 10 minút, panvicu trikrát otočte. Na prípravu nátierky zmiešajte zvyšné ingrediencie v miske a odkryté zohrievajte na rozmrazovaní 2 minúty. Rebierka odkryjeme a opatrne zlejeme tuk. Potrieme asi polovicou oleja. Varte odkryté na plnom ohni 3 minúty. Otočte kliešťami a potrite zvyšnou nátierkou. Varte odokryté na plnom ohni 2 minúty. Pred podávaním nechajte 3 minúty postáť.

Čakanka obalená šunkou v syrovej omáčke

Nosíte 4

*V Belgicku, krajine pôvodu, nazývané chicorées au ham. Strieborno-
biela zelenina obalená šunkou a obalená jednoduchou syrovou
omáčkou je gastronomickým majstrovským dielom.*

*8 hlávok čakanky (belgická endívia), celkovo asi 1 kg/2¼ lb
150 ml/¼ pt/2/3 šálky vriacej vody
15 ml/1 polievková lyžica citrónovej šťavy
8 veľkých plátkov varenej šunky
600 ml/1ks/2½ šálky mlieka
50 g/2 oz/¼ šálky masla alebo margarínu
45 ml/3 lyžice hladkej (univerzálnej) múky.
175 g strúhaného syra Eidam
Soľ a čerstvo mleté korenie
Čipsy (vyprážané zemiaky) na servírovanie*

Odrežte čakanku, odstráňte všetky pomliaždené alebo poškodené
vonkajšie listy a odrežte kúsok v tvare kužeľa zo spodnej časti
každého z nich, aby ste zabránili horkej chuti. Usporiadajte konce ako
lúče kolesa do hlbokej misky s priemerom 30 cm/12 palcov. Potrie sa
vodou a citrónovou šťavou. Zakryte potravinovou fóliou (igelitom) a
dvakrát prerežte, aby mohla uniknúť para. Varte na plný 14 minút,
pričom hrniec dvakrát otočte. Nechajte 5 minút pôsobiť, potom dobre
sceďte. Umyte a osušte riad. Keď je čakanka teplá, každú zabaľte do
plátku šunky a vráťte do misky. Mlieko dáme do hrnčeka a odkryté

97

zohrievame na plno 3 minúty. Maslo alebo margarín vložte do hrnca s objemom 1,2 litra/2 pt/5 šálok a roztopte ho na 1 minútu. Primiešame múku, potom postupne vmiešame horúce mlieko. Varte bez pokrievky na plno 5-6 minút a každú minútu miešajte, aby bola vláčna, kým omáčka nezačne bublať a nezhustne. Vmiešame syr a okoreníme podľa chuti. Nalejte rovnomerne na čakanku a šunku. Prikryjeme tanierom a prehrievame maximálne 3 minúty. Nechajte 3 minúty odstáť. V prípade potreby opražte na rozpálenom grile (brojler), potom podávajte s hranolkami.

Bravčové rebrá v lepkavej pomarančovej barbecue omáčke

Nosíte 4

1 kg/2¼ lb rebier z bravčového karé alebo náhradných rebier

30 ml/2 polievkové lyžice citrónovej šťavy

30 ml/2 polievkové lyžice sójovej omáčky

5 ml/1 ČL japonského prášku wasabi

15 ml/1 polievková lyžica worcesterskej omáčky

300 ml/½ pt/1¼ šálky čerstvo vylisovanej pomarančovej šťavy

30 ml/2 polievkové lyžice tmavo pomarančovej marmelády

10 ml/2 ČL pripravenej horčice

1 strúčik cesnaku, rozdrvený

Čínske rezance, varené, na servírovanie

Pár plátkov pomaranča na ozdobu

Vložte rebrá do veľkej plytkej misy. Zakryte potravinovou fóliou (igelitom) a dvakrát prerežte, aby mohla uniknúť para. Varte na plný 7 minút, pričom panvicu dvakrát otočte. Opatrne odokryjeme a zlejeme tuk. Zvyšné suroviny okrem rezancov vyšľaháme a nalejeme na rebrá. Zľahka prikryjeme kuchynským papierom a varíme na plno 20 minút, pričom nádobu štyrikrát otočíme a zakaždým podlievame omáčkou. Jedzte s varenými čínskymi rezancami a plátkami pomaranča podávané oddelene.

Steak a hubový puding

Nosíte 4

Tento starý anglický poklad funguje ako sen v mikrovlnke, pričom kôrka (pasta) pečiva sa správa presne tak, ako má. Trik spočíva v použití pripraveného mäsa, napríklad domáceho duseného mäsa alebo mäsovej konzervy, pretože kocky surového mäsa zvyknú v mikrovlnnej rúre pri varení s tekutinou stvrdnúť.

Na pečivo:
175 g/6 oz/1½ šálky samokypricej múky
2,5 ml/½ lyžičky soli
50 g/2 oz/½ šálky mletého hovädzieho mäsa alebo vegetariánskeho loja
90 ml/6 polievkových lyžíc studenej vody

Na náplň:
450g/1lb dusené mäso s omáčkou
125 g/4 oz šampiňóny

Na prípravu cesta preosejte múku a soľ do misy a vmiešajte ju do loja. Pomocou vidličky vmiešame toľko vody, aby vzniklo mäkké, ale vláčne cesto. Jemne premiešajte do hladka, potom rozvaľkajte na pomúčenej doske na kruh s priemerom 30 cm/12 palcov. Štvrtinu vyrežte do tvaru klinu a odložte na vrchnák. Nádobu na puding s objemom 900 ml/1½ bodu/3¾ hrnčeka dobre vymastíme a vystelieme cestom, prepracujte dno a boky k vnútornému okraju hornej časti nádoby a končekmi prstov vytlačte všetky záhyby. Spoje utesnite tak, že ich k sebe pritlačíte vlhkými prstami.

Na prípravu náplne zohrejte podusené mäso a huby spolu, buď v mikrovlnnej rúre alebo konvenčne. Necháme vychladnúť. Lyžičkou nalejte do misky vystlanej pečivom. Odložené cesto rozvaľkajte, aby ste vytvorili pokrievku, navlhčite okraj a položte ich na vrchnú vrstvu cesta, pritlačte ich k sebe, aby sa utesnili. Zakryte potravinovou fóliou (igelitom) a dvakrát prerežte, aby mohla uniknúť para. Varte pri vysokej teplote 7 minút, kým cesto dobre nevykysne. Necháme 3 minúty postáť, potom preložíme na taniere a podávame.

Steak a ľadvinový puding

Nosíte 4

Pripravte ako steak a hubový puding, ale použite 450 g/1 lb Steak a obličkovú zmes.

Steak a gaštanový puding

Nosíte 4

Pripravte ako na steak a hubový nákyp, ale šampiňóny nahraďte celými gaštanmi.

Steak a nakladaný orechový puding so sušenými slivkami

Nosíte 4

Pripravte ako steak a hubový nákyp, ale šampiňóny nahraďte 4 nasekanými vlašskými orechmi nakrájanými na štvrtiny a 8 vykôstkovanými slivkami.

"Mleté" mäso z Južnej Ameriky

Nosíte 4

2 cibule nakrájané nadrobno alebo nastrúhané
275 g/10 oz neošúpaná tekvica, tekvica alebo cuketa, nakrájaná na kocky
1 veľká paradajka, blanšírovaná, olúpaná a nakrájaná
450 g/1 lb/4 šálky nahrubo mletého hovädzieho mäsa
5–10 ml/1–2 ČL soli

Brazílska ryža

Zeleninu a kotlety vložte na panvicu s priemerom 20 cm/8 palcov (holandská rúra). Zakryte potravinovou fóliou (igelitom) a dvakrát prerežte, aby mohla uniknúť para. Varte na plno 10 minút, panvicu trikrát otočte. Prikryte a dobre roztlačte, aby sa mäso rozpadlo. Prikryjeme tanierom a varíme na plnom ohni 5 minút, raz premiešame. Necháme 3 minúty postáť a dochutíme soľou. Mäso bude mať vo svojej nezahustenej omáčke dosť sypkú konzistenciu. Podávame s brazílskou ryžou.

Brazílske „mleté" mäso s vajíčkami a olivami

Nosíte 4

Pripravte ako na juhoamerické mleté mäso, ale vynechajte tekvicu, tekvicu alebo tekvicu (cuketu). K mäsovej zmesi pridajte 60 ml/4 polievkové lyžice vývaru. Znížte počiatočný čas varenia na 7 minút. Po odsedení vmiešame 3 plátky natvrdo uvareného vajíčka a 12 odkôstkovaných zelených olív.

Sendvič Reuben

Služby 2

Ako každý Severoameričan potvrdí, sendvič Reuben s otvorenou tvárou je sviatkom jedla, ktoré vyrábajú lahôdky od New Yorku po Kaliforniu.

2 veľké plátky hnedého alebo ražného chleba
Majonéza
175 g / 6 oz hovädzie mäso, pastrami alebo hruď, nakrájané na tenké plátky
175 g scedenej kyslej kapusty
4 veľké tenké plátky syra Gruyère (švajčiarsky) alebo ementál

Chlieb potrieme majonézou a plátky poukladáme vedľa seba na veľký tanier. Zahrievajte odkryté v režime rozmrazovania 1½ minúty. Každý rovnomerne prikryte hovädzím mäsom a navrch nasypte kyslú kapustu, jemne zatlačte špachtľou. Prikryjeme syrom. Úplne varte 1½ -2 minúty, kým sa syr neroztopí. Jedzte ihneď.

Hovädzie Chow Mein

Nosíte 4

Pripravte sa ako pri Chicken Chow Mein, ale nahraďte hovädzie mäso kuracím.

Hovädzia kotleta Suey

Nosíte 4

Pripravte sa ako na Chicken Chop Suey, ale nahraďte hovädzie mäso
kuracie.

Kastról s baklažánom a hovädzím mäsom

Brány 6

*Táto louisianská špecialita je pochúťkou pre všetkých a miestni ju
milujú.*

4 baklažány (baklažány)
10 ml/2 lyžičky soli
45 ml/3 lyžice vriacej vody
1 cibuľa, najemno nastrúhaná
450 g/1 lb/4 šálky chudého mletého hovädzieho mäsa (mleté).
75 g/3 oz/1½ šálky čerstvej bielej strúhanky
1,5 – 2,5 ml/¼ – ½ lyžičky chilli omáčky
Soľ a čerstvo mleté korenie
25 g/1 oz/2 lyžice masla
250 g/8 oz/2¼ šálky dlhozrnnej americkej ryže, varená

Navrchu baklažán očistíme a očistíme a dužinu nakrájame na kocky. Vložte do misky alebo veľkého taniera a zmiešajte so soľou a vriacou vodou. Zakryte potravinovou fóliou (igelitom) a dvakrát prerežte, aby mohla uniknúť para. Varte na plno 14 minút. Nechajte 2 minúty odstáť. Dobre sceďte, potom vložte do mixéra alebo kuchynského robota a spracujte, kým nevznikne pyré. Plytkú misku dobre vymastíme. Zmiešajte baklažánové pyré, cibuľu, hovädzie mäso, polovicu strúhanky, paprikovú omáčku a soľ a čerstvo mleté čierne korenie podľa chuti. Roztiera sa v rajnici. Posypeme zvyšnou strúhankou a potom potrieme vločkami masla. Varte odkryté na plnom ohni 10 minút. Ak chcete, pred podávaním krátko pripravte pod horúcim grilom (brojlerom), aby bol vrch chrumkavý. Podávame s ryžou.

Kari karbonátky

Brány 8

675 g/1½ lb/6 šálok chudého mletého hovädzieho mäsa (mleté).

50 g/2 oz/1 šálka čerstvej bielej strúhanky

1 strúčik cesnaku, rozdrvený

1 veľké vajce, rozšľahané

300 ml/10 fl oz/1 plechovka Kondenzovaná paradajková polievka

6 paradajok

10 ml/2 lyžičky sójovej omáčky

15–30 ml/1–2 polievkové lyžice jemného kari

15 ml/1 polievková lyžica paradajkového pretlaku (pasta)

1 hovädzia polievková kocka

75 ml/5 lyžíc mangového chutney

Varená ryža alebo zemiaková kaša na servírovanie

Zmiešajte hovädzie mäso, strúhanku, cesnak a vajíčko. Vyformujte do 16 guľôčok a poukladajte okolo okraja hlbokej misky s priemerom 25 cm/10 palcov. Zmiešajte zvyšné ingrediencie a lyžicou preložte mäsové guľky. Zakryte potravinovou fóliou (igelitom) a dvakrát prerežte, aby mohla uniknúť para. Varte na plno 18 minút, pričom panvicu štyrikrát otočte. Nechajte 5 minút odstáť. Odkryjeme a fašírky potrieme omáčkou. Nechajte odokryté a zohrievajte ešte 1½-2 minúty.

Podávame s varenou ryžou alebo zemiakovou kašou.

Talianske fašírky

Nosíte 4

15 ml/2 lyžice olivového oleja

1 cibuľa, strúhaná

2 strúčiky cesnaku, mleté

450 g/1 lb/4 šálky chudého mletého hovädzieho mäsa (mleté).

75 ml/5 polievkových lyžíc čerstvej bielej strúhanky

1 vajce, rozšľahané

10 ml/2 lyžičky soli

400 g/14 oz/1¾ šálky passata (preosiate paradajky)

10 ml/2 čajové lyžičky jemného tmavohnedého cukru

5 ml/1 ČL sušenej bazalky alebo oregana

Nalejte olej do hlbokej misky s priemerom 20 cm/8. Pridajte cibuľu a cesnak. Varte odkryté na plnom ohni 4 minúty. Mäso zmiešame so strúhankou, vajcom a polovicou soli. Vytvarujte 12 malých guľôčok. Pridajte do hrnca a varte bez pokrievky na plnom 5 minút, pričom v polovici varenia fašírky otočte. Postavte sa, kým zmiešate passatu, cukor, oregano a zvyšnú soľ. Nalejte fašírky. Zakryte potravinovou fóliou (igelitom) a dvakrát prerežte, aby mohla uniknúť para. Varte na plno 10 minút, panvicu trikrát otočte. Pred podávaním nechajte 3 minúty postáť.

Rýchle fašírky s paprikou

Porcie 4–6

To je dobré s obyčajnými varenými zemiakmi alebo čipsami

(hranolkami) do mikrovlnnej rúry, ak sa naozaj ponáhľate!

450 g/1 lb/4 šálky chudého mletého hovädzieho mäsa (mleté).

50 g/2 oz/1 šálka čerstvej bielej strúhanky

1 strúčik cesnaku, rozdrvený

1 veľké vajce, rozšľahané

300 ml/½ pt/1¼ šálky passata (preosiate paradajky)

300 ml/½ pt/1¼ šálky vriacej vody

30 ml/2 polievkové lyžice sušených vločiek červenej a zelenej (tučnej)

papriky

10 ml/2 lyžičky papriky

5 ml/1 ČL rasce (voliteľné)

10 ml/2 čajové lyžičky jemného tmavohnedého cukru

5 ml/1 čajová lyžička soli

150 ml/5 oz/2/3 šálky kyslej smotany (mliečnej).

Mäso, strúhanku, cesnak a vajíčko zmiešame. Vytvarujte 12 guličiek. Usporiadajte okolo okraja hlbokej misky s priemerom 20 cm/8. Zmiešajte passatu s vodou. Pridajte vločky papriky, papriku, rascu, ak používate, a cukor. Položte na mäsové guľky. Zakryte potravinovou fóliou (igelitom) a dvakrát prerežte, aby mohla uniknúť para. Varte na plno 15 minút, panvicu trikrát otočte. Necháme 5 minút postáť, potom odokryjeme a vmiešame soľ a smotanu. Ohrievajte, odokryté, na plno 2 minúty.

Hovädzí bufet s bylinkami

Brány 8

900 g/2 lb/8 šálok mletého hovädzieho mäsa (mleté).
2 veľké vajcia, rozšľahané
1 hovädzia polievková kocka
1 malá cibuľa, jemne nastrúhaná
60 ml/4 polievkové lyžice hladkej (univerzálnej) múky.
45 ml/3 lyžice paradajkového kečupu
10 ml/2 lyžičky suchej bylinkovej zmesi
10 ml/2 lyžičky sójovej omáčky
Lístky mäty a olúpané plátky pomaranča na ozdobu

Všetky ingrediencie okrem sójovej omáčky dobre premiešame. Rozotrite do vymastenej 1¼-litrovej/2-litrovej/5-hrnkovej obdĺžnikovej formy na chlieb. Vrch potrieme sójovou omáčkou. Zakryte potravinovou fóliou (igelitom) a dvakrát prerežte, aby mohla uniknúť para. Varte úplne 10 minút a potom 5 minút v mikrovlnnej rúre. Varte v režime rozmrazovania ďalších 12 minút, pričom pokrm štyrikrát otočte. Necháme 5 minút postáť, potom odokryjeme a opatrne scedíme prebytočný tuk a šťavu, ktorú môžeme použiť na omáčky a prívarky. Nechajte vychladnúť, potom opatrne preložte do servírovacej

misky a ozdobte lístkami mäty a plátkami pomaranča. Podáva sa
nakrájaný na plátky.

Arašidové hovädzie mäso na malajský spôsob s kokosom

Nosíte 4

2 cibule, nakrájané nadrobno
1 strúčik cesnaku, rozdrvený
450 g/1 lb/4 šálky extra chudého mletého (mletého) hovädzieho mäsa
125 g/4 oz/½ šálky chrumkavého arašidového masla
45 ml/3 lyžice sušeného kokosu (strúhaného).
2,5 ml/½ lyžičky feferónkovej omáčky
15 ml/1 polievková lyžica sójovej omáčky
2,5 ml/½ lyžičky soli
300 ml/½ pt/1¼ šálky vriacej vody
175 g/6 oz/1½ šálky ryže, varená
Orientálne kyslé uhorky, na ozdobu (voliteľné)

Cibuľu, cesnak a hovädzie mäso vložte do zapekacej misky s objemom
1,5 litra/2½ litra/6 šálok (holandská rúra). Dobre premiešajte
vidličkou, uistite sa, že hovädzie mäso je dobre rozdrvené. Zakryte
potravinovou fóliou (igelitom) a dvakrát prerežte, aby mohla uniknúť
para. Varte na plný 8 minút, panvicu dvakrát otočte. Odkryjeme a
zmiešame všetky zvyšné suroviny okrem ryže. Prikryjeme ako

111

predtým a varíme na plno ďalších 8 minút, pričom panvicu trikrát otočíme. Nechajte 3 minúty odstáť. Odkryte a premiešajte, potom podľa potreby podávajte s varenou ryžou a orientálnymi uhorkami.

Rýchly chlieb s hovädzím mäsom a majonézou

Brány 6

Super hlavné jedlo na večeru, luxusnejšie, ako by ste od tak rýchlo pripraveného jedla čakali.

750 g/1½ lb/6 šálok chudého mletého hovädzieho mäsa (mleté).
15 ml/1 polievková lyžica sušených vločiek červenej a zelenej (tučnej) papriky
15 ml/1 polievková lyžica jemne nasekanej petržlenovej vňate
7,5 ml/1½ lyžičky cibuľovej soli
30 ml/2 polievkové lyžice hladkej (univerzálnej) múky.
60 ml/4 polievkové lyžice hustej majonézy
7,5 ml/1 ½ lyžičky horčičného prášku
5 ml/1 ČL sójovej omáčky

Hlbokú nádobu s priemerom 20 cm / 8 cm dobre vymastíme. Skombinujte hovädzie mäso so všetkými zvyšnými prísadami a jemne rozložte na tanier. Zakryte potravinovou fóliou (igelitom) a dvakrát prerežte, aby mohla uniknúť para. Varte na plno 12 minút, pričom panvicu štyrikrát otočte. Necháme 5 minút postáť, potom chlieb zdvihneme z misy dvoma lopatkami, pričom necháme tuk. Preložíme na zohriaty servírovací tanier a nakrájame na šesť klinov, aby sme mohli podávať.

Hovädzie mäso varené na červenom víne

Nosíte 4

Šikovné a elegantné jedlo, najmä ak sa podáva s klasickým makarónovým syrom alebo savojskými zemiakmi a prípadne artičokovými srdiečkami v konzerve rozohriatymi na troche masla.

30 ml/2 lyžice masla alebo margarínu
2 veľké cibule, strúhané
1 strúčik cesnaku, rozdrvený
125g/4oz šampiňóny, nakrájané na tenké plátky
450g/1lb steak (hore), nakrájaný na malé kocky
15 ml/1 polievková lyžica paradajkového pretlaku (pasta)
15 ml/1 polievková lyžica nasekanej petržlenovej vňate
15 ml/1 polievková lyžica kukuričnej múky (kukuričný škrob)
5 ml/1 lyžička tvrdej horčice
300 ml/½ pt/1¼ šálky suchého červeného vína
5 ml/1 čajová lyžička soli

113

Maslo alebo margarín vložte do panvice s priemerom 20 cm (holandská rúra). Roztopte, odkryté, na rozmrazovanie 1–1½ minúty. Zmiešajte cibuľu, cesnak a huby. Varte odkryté na plnom ohni 5 minút. Steak premiešajte a potom presuňte zmes na okraj misky, aby ste vytvorili prstenec, pričom v strede nechajte malú medzeru. Prikryjeme tanierom a varíme na plno 5 minút. Medzitým zmiešame paradajkový pretlak, petržlenovú vňať, maizenu a horčicu. Jemne vmiešajte trochu červeného vína a potom vmiešajte zvyšok. Jemne vmiešame do steakovej zmesi. Prikryjeme tanierom a varíme na plnom ohni 5 minút, dvakrát premiešame. Nechajte 3 minúty odstáť. Vmiešajte soľ a potom podávajte.

Mätový baklažánový dip

6-8 porcií

750 g baklažánu (baklažán)
Šťava z 1 citróna
20 ml/4 lyžice olivového oleja
1–2 strúčiky cesnaku, rozdrvené
250 ml/8 fl oz/1 šálka syrového syra alebo tvarohu
15 ml/1 polievková lyžica nasekaných lístkov mäty
1,5 ml/¼ lyžičky práškového cukru (veľmi jemný).
7,5–10 ml/1½–2 lyžičky soli

Navrch a chvost baklažánov a ich prekrojenie pozdĺžne na polovicu. Poukladajte ich na veľký tanier reznou stranou nadol a prikryte kuchynským papierom. Dôkladne varte 8-9 minút alebo do mäkka. Mäso stiahneme z kože priamo do kuchynského robota a pridáme zvyšné suroviny. Spracujte do hladka a krému. Vložte do servírovacej misy, prikryte a pred podávaním mierne vychladnite.

Baklažánový dip s paradajkami a zmesou byliniek

6-8 porcií

750 g baklažánu (baklažán)
5 ml/1 lyžička nasekaných lístkov mäty
75 ml/3 lyžičky nasekaných listov koriandra (koriandra).
5 ml/1 lyžička nasekanej petržlenovej vňate
3 paradajky, blanšírované, ošúpané, zbavené semienok a nakrájané
nadrobno

Navrch a chvost baklažánov a ich prekrojenie pozdĺžne na polovicu. Poukladajte ich na veľký tanier reznou stranou nadol a prikryte kuchynským papierom. Dôkladne varte 8-9 minút alebo do mäkka. Naberte mäso priamo do kuchynského robota a pridajte zvyšné ingrediencie okrem paradajok. Spracujte do hladka a krému. Vmiešajte paradajky, potom nalejte do servírovacej misy, prikryte a pred podávaním mierne vychladnite.

Tahini Dip z baklažánu z Blízkeho východu

6-8 porcií

750 g baklažánu (baklažán)

45 ml/3 polievkové lyžice tahini (sezamová pasta)

Šťava z 1 malého citróna

1 strúčik cesnaku, nakrájaný na tenké plátky

25 ml/1 ½ ČL olivového oleja

1 malá cibuľa, nakrájaná na plátky

60 ml/4 polievkové lyžice nahrubo nasekaných listov koriandra

(koriandra).

5 ml/1 ČL kryštálového cukru (veľmi jemný).

5–10 ml/1–2 ČL soli

Navrch a chvost baklažánov a ich prekrojenie pozdĺžne na polovicu. Poukladajte ich na veľký tanier reznou stranou nadol a prikryte kuchynským papierom. Dôkladne varte 8-9 minút alebo do mäkka. Vyberte dužinu zo šupky priamo do kuchynského robota. Pridajte zvyšné ingrediencie a soľ podľa chuti. Spracujte do hladka a krému. Vložte do servírovacej misy a podávajte pri izbovej teplote.

Turecký baklažánový dip

6-8 porcií

750 g baklažánu (baklažán)

30 ml/2 lyžice olivového oleja

Šťava z 1 veľkého citróna

2,5–5 ml/½–1 lyžičky soli

2,5 ml/½ lyžičky práškového cukru (veľmi jemný).

Čierne olivy, pásiky červenej papriky (mastné) a plátky paradajok na

ozdobu

Navrch a chvost baklažánov a ich prekrojenie pozdĺžne na polovicu.
Poukladajte ich na veľký tanier reznou stranou nadol a prikryte
kuchynským papierom. Dôkladne varte 8-9 minút alebo do mäkka.
Mäso stiahneme z kože priamo do kuchynského robota a pridáme
zvyšné suroviny. Spracujeme na polohladké pyré. Vložte do misky a
ozdobte olivami, červenou paprikou a plátkami paradajok.

Grécky baklažánový dip

6-8 porcií

750 g baklažánu (baklažán)
1 malá cibuľa, nahrubo nastrúhaná
2 strúčiky cesnaku, nakrájané na tenké plátky
5 ml/1 ČL sladového octu
5 ml/1 čajová lyžička citrónovej šťavy
150 ml/¼ pt/2/3 šálky jemného olivového oleja
2 veľké paradajky, blanšírované, zbavené semienok a nahrubo
nakrájané
Petržlen, koliesk a zelenej alebo červenej papriky (tuk) a malé čierne
olivy na ozdobu

Navrch a chvost baklažánov a ich prekrojenie pozdĺžne na polovicu.
Poukladajte ich na veľký tanier reznou stranou nadol a prikryte
kuchynským papierom. Dôkladne varte 8-9 minút alebo do mäkka.
Mäso stiahneme z kože priamo do kuchynského robota a pridáme
cibuľu, cesnak, ocot, citrónovú šťavu a olej. Spracujeme na jemné
pyré. Vložte do veľkej misy a premiešajte paradajky. Vložte do
servírovacej misy a ozdobte petržlenovou vňaťou, krúžkami papriky a
olivami.

Bagna Cauda

Porcie 4–6

*Mimoriadne bohatý a jedinečný taliansky sardelový kúpeľ, ktorý by sa
mal po príprave udržiavať v teple nad liehovinou na jedálenskom
stole. Dunky sú vo všeobecnosti surová alebo varená zelenina.
Používajte iba svetlozlatý extra panenský olivový olej, jemný a jemný,
inak môže byť chuť príliš silná.*

30 ml/2 lyžice olivového oleja
25 g/1oz/2 lyžice nesoleného masla (sladkého).
1 strúčik cesnaku, rozdrvený
50 g/2 oz/1 malá krabička filety sardel v oleji
60 ml/4 polievkové lyžice jemne nasekanej petržlenovej vňate
15 ml/1 polievková lyžica nadrobno nasekaných lístkov bazalky

Vložte olej, maslo a cesnak do nekovovej ohňovzdornej misky.
Pridajte olej z konzervy ančovičiek, petržlenu a bazalky. Sardelu
nasekáme nadrobno a pridáme do misky. Misu čiastočne prikryte
tanierom a varte v režime rozmrazovania 3-4 minúty, kým sa omáčka
neprehreje. Preložíme na horúci sporák a počas jedenia udržiavame v
teple.

Kastról z baklažánu

Nosíte 4

Louisiansky recept, ktorý sa mi vrátil z tejto sparnej časti Severnej Ameriky.

2 baklažány (baklažány), celkovo asi 550 g / 1 ¼ lb

1 stonka zeleru nakrájaná nadrobno

1 veľká cibuľa nakrájaná nadrobno

½ zelenej papriky (tuk), zbavenej semienok a nakrájanej nadrobno

30 ml/2 polievkové lyžice slnečnicového alebo kukuričného oleja

3 paradajky, olúpané a nakrájané

75 g/3 oz/1½ šálky čerstvej bielej strúhanky

Soľ a čerstvo mleté čierne korenie

50 g strúhaného syra Cheddar

Ostrým nožom prepichnite šupku každého baklažánu po celom obvode. Uložíme na tanier, prikryjeme kuchynským papierom a varíme na Plne 6 minút, raz otočíme. Malo by to byť jemné, ale ak nie, varte ďalšie 1-2 minúty. Každý rozpolte pozdĺž ryhy, potom vložte dužinu do mixéra alebo kuchynského robota a odstráňte šupku. Spracujeme na pyré. Zeler, cibuľku, zelenú papriku a olej vložte do kastróla s objemom 2 litre/3½ bodu/8½ šálky (holandská rúra), prikryte tanierom a varte na plnom ohni 3 minúty. Vmiešame baklažánové pyré, paradajky, strúhanku a soľ a korenie podľa chuti a varíme ešte 3 minúty na Full. Odkryjeme, posypeme syrom a odokryté prehrejeme na Plne 2 minúty. Pred podávaním nechajte 2 minúty postáť.

Nakladané koktailové huby

Brány 8

60 ml/4 lyžice červeného vínneho octu

60 ml/4 polievkové lyžice slnečnicového alebo kukuričného oleja

1 cibuľa, nakrájaná na veľmi tenké plátky

5 ml/1 čajová lyžička soli

15 ml/1 polievková lyžica nasekaných listov koriandra (koriandra).

5 ml/1 ČL jemnej horčice

15 ml/1 polievková lyžica jemného hnedého cukru

5 ml/1 ČL worcesterskej omáčky

kajenské korenie

350g/12oz šampiňóny

Umiestnite ocot, olej, cibuľu, soľ, koriandr, horčicu, cukor a worčestrovú omáčku do 2-litrovej/ 3½ pt/8½ šálky (holandská rúra) s posypaním kajenského korenia. Prikryjeme tanierom a zohrievame na vysokej teplote 6 minút. Vmiešame huby. Keď vychladne, prikryjeme a dáme do chladničky na cca 12 hodín. Scedíme a podávame s krémovým dipom.

Baklažán plnený v rúre vajíčkami a píniovými orieškami

Služby 2

2 baklažány (baklažány), celkovo asi 550 g / 1 ¼ lb
10 ml/2 čajové lyžičky citrónovej šťavy
75 g/3 oz/1½ šálky čerstvej bielej alebo hnedej strúhanky
45 ml/3 lyžice pražených píniových oriešok
7,5 ml/1 ½ lyžičky soli
1 strúčik cesnaku, rozdrvený
3 vajcia natvrdo (uvarené natvrdo), nakrájané
60 ml/4 polievkové lyžice mlieka
5 ml/1 čajová lyžička suchej bylinkovej zmesi
20 ml/4 lyžice olivového oleja

Ostrým nožom prepichnite šupku každého baklažánu po celom obvode. Uložíme na tanier, prikryjeme kuchynským papierom a varíme na Plne 6 minút, raz otočíme. Malo by to byť jemné, ale ak nie, varte ďalšie 1-2 minúty. Každý rozpolte pozdĺž ryhy, potom vložte dužinu do mixéra alebo kuchynského robota, pričom šupka zostane neporušená. Pridajte citrónovú šťavu a spracujte do hladka. Vyškrabte do misky a zmiešajte všetky zvyšné ingrediencie okrem oleja. Vložte baklažány v šupke a potom ich poukladajte na tanier úzkymi koncami smerom k stredu. Zvrchu scedíme olej, prikryjeme kuchynským papierom a zohrejeme na 4 minúty na plný plyn. Jedzte teplé alebo studené.

Grécke huby

Nosíte 4

1 obálka bouquet garni

1 strúčik cesnaku, rozdrvený

2 bobkové listy

60 ml/4 polievkové lyžice vody

30 ml/2 polievkové lyžice citrónovej šťavy

15 ml/1 polievková lyžica vínneho octu

15 ml/1 polievková lyžica olivového oleja

5 ml/1 čajová lyžička soli

450 g / 1 lb šampiňóny

30 ml/2 lyžice nasekanej petržlenovej vňate

Vložte všetky ingrediencie okrem húb a petržlenu do veľkej misy. Prikryjeme tanierom a zohrievame 4 minúty. Pridajte huby, prikryte ako predtým a varte na plno ďalšie 3½ minúty. Ochlaďte, prikryte a potom vložte do chladničky na niekoľko hodín. Odstráňte ozdobnú kyticu, potom pomocou štrbinovej lyžice zdvihnite huby na štyri taniere, každý posypte petržlenovou vňaťou a podávajte.

Artičokový vinaigrette

Nosíte 4

450 g / 1 lb topinambur

Vinaigrette dressing, domáci alebo kupovaný

10 ml/2 lyžičky nasekanej petržlenovej vňate

5 ml/1 lyžička nasekaného estragónu

Vložte artičok a trochu vody do misky a prikryte tanierom. Varte na plný 10 minút, pričom hrniec dvakrát otočte. Dobre sceďte a nakrájajte nahrubo. Ešte teplé zalejeme vinaigrette dresingom. Rozdelíme na štyri taniere a posypeme petržlenovou vňaťou a estragónom.

Cézar šalát

Nosíte 4

Jedinečný šalát vytvorený v 20-tych rokoch Caesarom Cardinim, ktorý nezvyčajne obsahuje pošírované vajcia. Je to nádherne jednoduchý štartér, no zároveň má klasický šik.

1 košík šalát (rímsky), chladený
1 strúčik cesnaku, rozdrvený
60 ml/4 polievkové lyžice extra panenského olivového oleja
Soľ a čerstvo mleté čierne korenie
2 veľké vajcia
5 ml/1 ČL worcesterskej omáčky
Šťava z 2 citrónov, prepasírovaná
90 ml/6 polievkových lyžíc čerstvo nastrúhaného parmezánu
50 g/2 oz/1 šálka cesnakových krutónov

Hlávkový šalát nakrájajte na 5 cm/2 kusy a vložte do šalátovej misy s cesnakom, olejom a korením podľa chuti. Jemne pohadzujte. Ak chcete vajcia potlačiť, vyložte misku s cereáliami potravinovou fóliou (plastovou fóliou) a vajcia rozbite. Varte odkryté v režime rozmrazovania 1½ minúty. Pridajte do šalátovej misy so všetkými zvyšnými ingredienciami a znova premiešajte, kým sa dobre nespoja. Poukladáme na taniere a ihneď podávame.

Holandská čakanka s vajcom a maslom

Nosíte 4

8 hlávok čakanky (belgická endivia)
30 ml/2 polievkové lyžice citrónovej šťavy
75 ml/5 lyžíc vriacej vody
5 ml/1 čajová lyžička soli
75 g/3 oz/1/3 šálky masla pri izbovej teplote a pomerne mäkké
4 vajcia natvrdo (uvarené natvrdo), nakrájané

Čakanku odrežte a zo spodnej časti každej odrežte kúsok v tvare kužeľa, aby ste zabránili horkej chuti. Položte čakanku v jednej vrstve do misky s priemerom 20 cm/8 palcov a pridajte citrónovú šťavu a vodu. Posypte soľou. Zakryte potravinovou fóliou (igelitom) a dvakrát prerežte, aby mohla uniknúť para. Varte na plno 15 minút. Nechajte 3 minúty postáť, potom sceďte. Kým sa čakanka varí, vyšľaháme maslo, kým nebude svetlé a krémové. Primiešame vajíčka. Čakanku poukladáme na štyri zohriate taniere a navrch polejeme vaječnou zmesou. Jedzte ihneď.

Majonéza s vajíčkom

Časť 1

Majonéza s vajíčkami je jedným zo štandardných predjedál vo Francúzsku a dá sa obmieňať podľa chuti.

Nastrúhané listy šalátu
1–2 vajíčka uvarené natvrdo, prekrojené na polovicu
Majonézovú omáčku alebo použite majonézu z obchodu
4 filety z konzervovaných ančovičiek v oleji
1 paradajka, nakrájaná na plátky

Hlávkový šalát poukladáme na tanier. Navrch poukladáme vajíčka reznou stranou nadol. Husto potrieme majonézou, potom ozdobíme podľa chuti ančovičkami a plátkami paradajok.

Vajcia s majonézou Skordalia

Nosíte 4

Zjednodušená verzia komplexnej cesnakovej mayo omáčky so strúhankou, ktorá dopĺňa plnú chuť a textúru vajec.

150 ml/¼ pt/2/3 šálky majonézovej omáčky

1 strúčik cesnaku, rozdrvený

10 ml/2 ČL čerstvej bielej strúhanky

15 ml/1 polievková lyžica mletých mandlí

10 ml/2 čajové lyžičky citrónovej šťavy

10 ml/2 lyžičky nasekanej petržlenovej vňate

Nastrúhané listy šalátu

2 alebo 4 natvrdo uvarené (uvarené) vajcia, prekrojené na polovicu

1 červená cibuľa, nakrájaná na veľmi tenké plátky

Malé grécke čierne olivy na ozdobu

Zmiešame majonézu, cesnak, strúhanku, mandle, citrónovú šťavu a petržlenovú vňať. Hlávkový šalát položte na tanier a potom naň položte polovice vajíčok. Oblečte majonézovou zmesou, potom ozdobte plátkami cibule a olivami.

Scotch Woodcock

Nosíte 4

Patrí do starej ligy mestských džentlmenských klubov a podávaná teplá zostáva jednou z najluxusnejších jednohubiek.

4 krajce chleba
Maslo
Gentleman's Relish alebo sardelová pasta
2 množstvá extra krémovej omelety
Niekoľko filé z konzervovaných ančovičiek v oleji na ozdobenie

Chlieb sa opečie, potom sa natrie maslom. Ten natrieme Gentleman's Relish alebo sardelovou pastou, každý plátok nakrájame na štvrtiny a uchováme v teple. Urobte extra krémové miešané vajíčka a nalejte nimi štvrtky toastu. Ozdobíme filetami sardel.

Vajcia so švédskou majonézou

Nosíte 4

Nastrúhané listy šalátu
1–2 vajíčka uvarené natvrdo, prekrojené na polovicu
25 ml/1 ½ ČL jablčného pyré (jablkové pyré)
Liaty (super jemný) cukor.
150 ml/¼ pt/2/3 šálky majonézovej omáčky alebo použite majonézu z obchodu
5 ml/1 ČL chrenovej omáčky
5–10 ml/1–2 ČL falošného čierneho alebo oranžového kaviáru
1 jedené (dezertné) jablko s červenou šupkou, nakrájané na tenké plátky

Hlávkový šalát poukladáme na tanier. Navrch poukladáme vajíčka reznou stranou nadol. Jablčnú omáčku zľahka osladíme práškovým cukrom a potom vmiešame do chrenovej majonézy. Touto zmesou natrieme vajíčka, potom ozdobíme simulovanými ikrami a pásikmi plátkov jabĺk.

Turecký fazuľový šalát

Brány 6

Toto sa v Turecku nazýva fensya plaki a je to v podstate zmes konzervovaných (námorných) fazulí a porcie stredomorskej zeleniny. Je to ekonomické predjedlo a žiada o chrumkavý chlieb na boku.

75 ml/5 lyžíc olivového oleja

2 cibule, najemno nastrúhané

2 strúčiky cesnaku, mleté

1 veľká zrelá paradajka, blanšírovaná, olúpaná, zbavená semienok a nakrájaná

1 zelená paprika (tuk), zbavená semienok a nakrájaná veľmi jemne

10 ml/2 ČL práškového cukru (super jemný).

75 ml/5 lyžíc vody

2,5–5 ml/½–1 lyžičky soli

30 ml/2 polievkové lyžice nasekaného kôpru (kôprová burina)

400 g/14 oz/1 veľká konzerva fazule, scedená

Vložte olej, cibuľu a cesnak do hrnca s objemom 1,75 litra/3 pt/7½ šálky a varte bez pokrievky na vysokej teplote 5 minút a dvakrát premiešajte. Paradajku, zelenú papriku, cukor, vodu a soľ zmiešame. Dve tretiny prikryjeme tanierom a varíme na plný 7 minút, dvakrát premiešame. Necháme úplne vychladnúť, potom prikryjeme a dáme na pár hodín do chladničky. Vmiešame kôpor a fazuľu. Znovu prikryte a dajte do chladničky na ďalšiu hodinu.

Fazuľový šalát s vajíčkom

Brány 6

Pripravte ako turecký fazuľový šalát, ale každú porciu ozdobte plátkami natvrdo uvareného (uvareného) vajíčka.

Kipper v kvetináčoch

Brány 6

275g/10oz filety z kipperu
75 g/3 oz/1/3 šálky smotanového syra
Šťava z ½ citróna
2,5 ml/½ lyžičky pripravenej anglickej alebo kontinentálnej horčice
1 strúčik cesnaku, nakrájaný na tenké plátky (voliteľné)
Horúce toasty alebo sušienky (sušienky) na podávanie

Kippery vložte do mikrovlnnej rúry. Odstráňte kožu a kosti a oddeľte mäso. Preložíme do kuchynského robota so zvyšnými ingredienciami a spracujeme, kým zo zmesi nevznikne pasta. Vložte do malej misky a zarovnajte vrch. Prikryte a ochlaďte, kým nebude stuhnutý. Podávajú sa na horúcom toastovom chlebe alebo na slaných sušienkach.

Krevety v kvetináčoch

Nosíte 4

Ďalší v podstate britský revivalistický recept. Podávame s čerstvo pripraveným tenkým bielym toastom.

175 g/6 oz/¾ šálky nesoleného masla (sladkého).
225 g/8 oz/2 šálky malých kreviet
Štipka nového korenia
biele korenie
Toast, slúžiť

Maslo dáme do misky a prikryjeme tanierom. Zapnite naplno mikrovlnnú rúru asi 2-3 minúty, kým sa neroztopí. Skombinujte dve tretiny masla s krevetami, potom dochuťte novým korením a korením podľa chuti. Lyžičkou nalejte do štyroch samostatných hrncov alebo ramekin (poháre na puding). Rovnomerne zalejeme zvyšným maslom. Dáme do chladničky, kým maslo nestuhne. Otočte na taniere a jedzte s toastom.

Avokádo plnené v rúre s vajcom

Nosíte 4

Zanedbaný recept zo sedemdesiatych rokov, často vyberaný vtedy na ľahké jedlo alebo výdatné predjedlo.

2 stonky zeleru, nakrájané nadrobno

60 ml/4 polievkové lyžice čerstvej bielej strúhanky

2,5 ml/½ lyžičky jemne nastrúhanej citrónovej kôry

5 ml/1 ČL cibuľovej soli

2,5 ml/½ lyžičky papriky

45 ml/3 polievkové lyžice jednoduchého krému (svetlého).

Čerstvo mleté čierne korenie

2 stredne veľké avokáda, práve zrelé

2 veľké vajcia natvrdo (uvarené natvrdo), nakrájané

20 ml/4 ČL opraženej strúhanky

20 ml/4 lyžičky rozpusteného masla

Spojte zeler, bielu strúhanku, citrónovú kôru, cibuľovú soľ, papriku a smotanu a pridajte korenie podľa chuti. Avokádo rozpolte a odstráňte kôstku (kôstky). Časť mäsa vydlabeme, aby sa uvoľnilo miesto na plnku, a roztlačíme nahrubo. Pridajte mäso do zmesi vaječnej strúhanky. Dobre premiešame a vložíme do avokádových šupiek. Poukladajte na tanier špicatými koncami smerom do stredu. Posypeme opraženou strúhankou, potom navrch pokvapkáme maslom.

Prikryjeme kuchynským papierom a zohrievame 4-5 minút. Jedzte ihneď.

Avokádo plnené paradajkami a syrom

2 slúži ako hlavné jedlo, 4 ako predjedlo

Úžasná zmes, ideálna pre vegetariánov a kohokoľvek iného, kto si to myslí.

2 veľké zrelé avokáda
Šťava z ½ limetky
50 g/2 oz/1 šálka mäkkej hnedej strúhanky
1 malá cibuľa, jemne nastrúhaná
2 paradajky, blanšírované, olúpané a nakrájané
Soľ a čerstvo mleté čierne korenie
50 g/2 oz/½ šálky tvrdého syra, strúhaného
Paprika
8 pražených lieskových orieškov

Avokádo prekrojíme na polovicu a dužinu opatrne vyberieme priamo do misky. Pridajte citrónovú šťavu a roztlačte najemno vidličkou. Pridajte strúhanku, cibuľu a paradajky so soľou a korením podľa chuti. Vložíme do šupiek avokáda a posypeme syrom a paprikou. Na vrch každej polovice položte dva lieskové oriešky. Poukladajte na veľký tanier špicatými koncami smerom do stredu. Voľne prikryte kuchynským papierom a pečte na plný 5-5½ minúty. Ihneď podávajte.

Škandinávsky rollmop a jablkový šalát

Nosíte 4

75 g/3 oz sušené jablkové krúžky

150 ml/¼ pt/2/3 šálky vody

3 rolky s cibuľou

150 ml/¼ pt/2/3 šálky smotany na šľahanie na šľahanie alebo dvojitej

(ťažkej).

Chrumkavý chlieb na servírovanie

Plátky jablka umyte, nakrájajte na kúsky, vložte do stredne veľkej misy a pridajte vodu. Prikryjeme tanierom a zohrievame maximálne 5 minút. Nechajte 5 minút pôsobiť, potom dobre sceďte. Rollmopy rozvinieme a nakrájame na diagonálne pásy. Pridáme k jablku a cibuli a zmiešame so smotanou. Zakryte a marinujte cez noc v chladničke. Pred podávaním premiešajte, potom poukladajte na jednotlivé taniere a podávajte s chrumkavým chlebom.

Rollmop a jablkový šalát s kari omáčkou

Nosíte 4

Pripravte ako na škandinávsky Rollmop a jablkový šalát, ale polovicu nahraďte majonézou a polovicu crème fraîche. Dochutíme kari pastou podľa chuti.

Listový šalát s kozím syrom a teplým dresingom

Nosíte 4

12 malých listov šalátu

1 krabica žeruchy

20 raketových listov

4 jednotlivé kozie syry

90 ml/6 polievkových lyžíc oleja z hroznových jadierok

30 ml/2 polievkové lyžice oleja z lieskových orieškov

10 ml/2 čajové lyžičky vody z pomarančových kvetov

10 ml/2 ČL dijonskej horčice

45 ml/3 lyžice ryže alebo jablčného octu

10 ml/2 ČL práškového cukru (super jemný).

5 ml/1 čajová lyžička soli

Listy šalátu umyte a osušte. Žeruchu odrežeme, umyjeme a osušíme. Raketu umyte a sceďte. Rozložte tieto tri atraktívne na štyri samostatné taniere a do stredu každého položte syr. Všetky zvyšné ingrediencie vložte do misy a nezakryté zohrievajte na 3 minúty na rozmrazovanie. Miešajte, aby sa spojili, a potom lyžicou nalejte každý šalát.

Želé paradajkové poháre

Nosíte 4

4 paradajky, blanšírované, olúpané a nakrájané

5 ml/1 čajová lyžička nadrobno nakrájaného čerstvého koreňa zázvoru

5 ml/1 čajová lyžička jemne nastrúhanej limetkovej kôry

20 ml/4 čajové lyžičky práškovej želatíny

750 ml/1¼ ks/3 šálky kuracieho vývaru

30 ml/2 lyžice paradajkového pretlaku (pasta)

5 ml/1 ČL worcesterskej omáčky

5 ml/1 ČL kryštálového cukru (veľmi jemný).

5 ml/1 ČL zelerovej soli

20 ml/4 polievkové lyžice crème fraîche

Opražené sezamové semienka, na posypanie

Syrové sušienky (sušienky) na podávanie

Paradajky rovnomerne rozdeľte do štyroch veľkých pohárov na víno, potom posypte zázvorom a citrónovou kôrou. Vložte želatínu do misky s objemom 1,5 litra/2½ bodu/6 šálok so 75 ml/5 polievkovými lyžicami vývaru a nechajte 5 minút zmäknúť. Roztopte, odkryté, na rozmrazovaní asi 2 minúty. Zvyšný vývar zmiešame s paradajkovým pretlakom, worčestrovou omáčkou, cukrom a zelerovou soľou. Jemne šľaháme, kým sa rovnomerne nespojí, potom chladíme, kým nezačne mierne hustnúť. Nalejte na paradajky, potom dajte do chladničky stuhnúť. Pred podávaním so syrovými sušienkami pridajte 5 ml/1 ČL crème fraîche a posypte sezamovými semienkami.

Plnené paradajky

Nosíte 4

Zdravý, no nekomplikovaný, lahodný predkrm podávaný na toaste s maslom alebo na toaste s cesnakovým maslom (duseným).

6 paradajok

1 cibuľa, strúhaná

50 g/2 oz/1 šálka čerstvej bielej strúhanky

5 ml/1 ČL pripravenej horčice

5 ml/1 čajová lyžička soli

15 ml/1 polievková lyžica nasekanej pažítky alebo petržlenovej vňate

50 g/2 oz/½ šálky mletého studeného vareného mäsa alebo hydiny, na kocky nakrájané krevety (krevety) alebo strúhaný syr

1 malé vajce, rozšľahané

Paradajky prekrojte na polovicu a odstráňte stredy do misky, pričom tvrdé jadrá vyhoďte. Šupky položte hore dnom na kuchynský papier, aby odkvapkali. Všetky zvyšné ingrediencie dáme do misky a pridáme dužinu z paradajok. Dobre premiešajte vidličkou, aby sa zmes premiešala, a potom nalejte späť do polovíc paradajok. Usporiadajte do dvoch krúžkov, jeden do druhého, na okraj taniera. Prikryjeme kuchynským papierom a varíme na Plne 7 minút, pričom tanier trikrát otočíme. Podáva sa horúce, na jednu porciu sú povolené tri polovice.

Talianske plnené paradajky

Nosíte 4

6 paradajok

75 g/3 oz/1½ šálky čerstvej hnedej strúhanky

175 g/6 oz/1½ šálky syra Mozzarella, strúhaný

2,5 ml/½ čajovej lyžičky sušeného oregana

2,5 ml/½ lyžičky soli

10 ml/2 čajové lyžičky nasekaných lístkov bazalky

1 strúčik cesnaku, rozdrvený

1 malé vajce, rozšľahané

Paradajky prekrojte na polovicu a odstráňte stredy do misky, pričom tvrdé jadrá vyhoďte. Šupky položte hore dnom na kuchynský papier, aby odkvapkali. Všetky zvyšné ingrediencie dáme do misky a pridáme dužinu z paradajok. Dobre premiešajte vidličkou, aby sa zmes premiešala, a potom nalejte späť do polovíc paradajok. Usporiadajte do dvoch krúžkov, jeden do druhého, na okraj taniera. Prikryjeme kuchynským papierom a varíme na Plne 7-8 minút, pričom tanier trikrát otočíme. Podávajte horúce alebo studené, pričom na porciu povoľte tri polovice.

Poháre na paradajkový a kurací šalát

Nosíte 4

450 ml/¾ na/2 šálky kuracia polievka

15 ml/1 lyžica želatínového prášku

30 ml/2 lyžice paradajkového pretlaku (pasta)

1 malá cibuľa, jemne nastrúhaná

5 ml/1 ČL kryštálového cukru (veľmi jemný).

1 malá zelená (mastná) paprika, nakrájaná na malé kocky

175 g/6 oz/1½ šálky studeného uvareného mäsa, nasekaného nadrobno

1 mrkva, strúhaná

2 konzervované ananásové krúžky (nie čerstvé, inak želé nestuhne)

2 vajcia na tvrdo (uvarené natvrdo), strúhané

Nalejte polovicu vývaru do 1,5-litrovej/2½-litrovej/6-hrnkovej misky. Vmiešame želatínu a necháme 5 minút zmäknúť. Roztopte, nezakryté, na rozmrazovanie 2-2½ minúty. Pridajte zvyšný vývar, dobre premiešajte, aby sa spojil. Zakryte a nechajte vychladnúť, kým nevychladne a nezačne hustnúť, potom pridajte všetky zvyšné ingrediencie okrem vajec. Rozdeľte medzi štyri sklenené misky a ochlaďte, kým stuhne. Pred podávaním pokvapkáme vajíčkom.

Vajcia a nakrájaná cibuľa

Podáva 4 ako predjedlo, 6 ako predjedlo

Veľkolepá celoročná židovská klasika, ktorú si najlepšie vychutnáte s chrumkavými sušienkami, ako sú tradičné macesy. Veľkou výhodou je varenie vajíčok v mikrovlnke – žiadna zaparená kuchyňa a žiadna panvica na umývanie. Tu sa navrhuje maslo alebo akýkoľvek margarín, ale pravoslávna komunita by používala iba rastlinný margarín.

5 natvrdo uvarených vajec (uvarených natvrdo), olúpaných a nakrájaných nadrobno
40 g zmäknutého masla alebo margarínu
1 cibuľa, najemno nastrúhaná
Soľ a čerstvo mleté čierne korenie
Listy šalátu alebo petržlenu na ozdobu

Nasekané vajcia zmiešame s maslom alebo margarínom. Primiešame cibuľu a okoreníme podľa chuti. Poukladáme na štyri taniere a každý ozdobíme listovým šalátom alebo petržlenovou vňaťou.

Quiche Lorraine

Porcie 4–6

Originálny francúzsky slaný quiche alebo flan s "rodinou" variácií.

Na pečivo (cestoviny):
175 g/6 oz/1½ šálky hladkej (univerzálnej) múky.
1,5 ml/¼ lyžičky soli
100 g/3½ oz/malá ½ šálky masla zmiešaného s margarínom, bielym
tukom alebo bravčovou masťou, alebo použite všetok margarín
1 malý vaječný žĺtok
Na náplň:
6 plátkov slaniny
3 vajcia
300 ml/½ lyžičky/1¼ šálky plnotučného mlieka alebo jednej smotany
(svetlá)
2,5 ml/½ lyžičky soli
Čerstvo mleté čierne korenie
Strúhaný muškátový oriešok

Na prípravu cesta preosejte múku a soľ do misy. Vtierajte tuk, kým
zmes nebude pripomínať jemnú strúhanku, potom so studenou vodou
vymiešajte na tuhé cesto. Zabaľte do fólie a nechajte ½-¾ hodiny
chladiť. Vyklopte ho na pomúčenú dosku a rýchlo a ľahko premiešajte,
kým nebude homogénna. Vyvaľkajte na tenký kruh a vyložte
sklenenú, porcelánovú alebo keramickú misku s priemerom 20 cm/8

palcov. Uštipnite horný okraj do malých motýľov a potom ich popichajte vidličkou. Varte odkryté na Plne 6 minút, pričom panvicu dvakrát otočte. Ak sa cesto miestami nafúklo, jemne zatlačte rukou chránenou chňapkou. Všetko potrieme žĺtkom a varíme na plno 1 minútu, aby sa utesnili všetky otvory. Nechajte odležať, kým pripravíte náplň.

Slaninu poukladáme na plech vystlaný kuchynským papierom, prikryjeme ďalším hárkom kuchynského papiera a 5 minút pečieme pri plnom obrátení. Scedíme a necháme trochu vychladnúť. Každý lupienok rozrežte na tri kusy a položte na spodok pekárne. Vajcia rozšľaháme s mliekom alebo smotanou a dochutíme soľou a korením podľa chuti. Opatrne nasunieme do flanku cez slaninu a posypeme muškátovým orieškom. Varte nezakryté na plno, pričom panvicu otočte štyrikrát, 10 – 12 minút alebo kým nezačnú v strede praskať bublinky. Pred krájaním nechajte 10 minút postáť. Jedzte teplé alebo studené.

Syrový a paradajkový quiche

Porcie 4–6

Pripravte sa ako na Quiche Lorraine, ale slaninu nahraďte tromi ošúpanými a nakrájanými paradajkami.

Quiche s údeným lososom

Porcie 4–6

Pripravte ako na Quiche Lorraine, ale nahraďte slaninu 175g/6oz údeného lososa, nakrájaného na plátky.

Krevetový Quiche

Porcie 4–6

Pripravte sa ako na Quiche Lorraine, ale nahraďte slaninu 175 g/6 oz/1½ šálky nakrájaných kreviet (krevet).

Špenátový quiche

Porcie 4–6

Pripravte ako na Quiche Lorraine, ale spodok koláča prikryte namiesto slaniny 175 g uvareného, scedeného špenátu. (Špenát musí byť čo najsuchší, inak cesto (cestoviny) zmäkne.)

Stredomorský quiche

Porcie 4–6

Pripravte si quiche Lorraine, ale flankový základ prikryte 185 g/6½oz/1 malou plechovkou tuniakových vločiek a ich oleja, 12 čiernymi olivami bez kôstok a 20 ml/4 polievkovými lyžicami paradajkového pretlaku (pasta) namiesto slaniny.

Špargľový quiche

Porcie 4–6

Pripravte ako na Quiche Lorraine, ale slaninu nahraďte 350g/12oz/1 veľkou konzervou špargle. Dobre sceďte, nechajte si šesť kopí a zvyšok nasekajte. Použite na zakrytie spodnej časti flane. Ozdobte odloženými oštiepkami.

Deviled Nuts

Porcie 4–6

225 g/8 oz/2 šálky polovičiek vlašských orechov
50 g/2 oz/¼ šálky masla
10 ml/2 čajové lyžičky kukuričného oleja
5 ml/1 ČL horčičného prášku
5 ml/1 lyžička papriky
5 ml/1 ČL zelerovej soli
5 ml/1 ČL cibuľovej soli
2,5 ml/½ lyžičky čili prášku
Soľ

Polovičky vlašských orechov opečieme. Maslo a olej zohrievajte v plytkej nezakrytej panvici 1½ minúty. Pridajte vlašské orechy a jemne premiešajte s maslom a olejom, kým sa dobre nespoja. Nechajte odokryté a varte na Plne 3-4 minúty, často otáčajte a pozorne sledujte, či nezačnú hnednúť. Scedíme na kuchynskom papieri. Zmiešajte v plastovom vrecku s horčičným práškom, paprikou, zelerovou soľou, cibuľovou soľou, čili práškom a soľou podľa chuti. Skladujte vo vzduchotesnej nádobe.

Brazílske orechy s kari

Porcie 4–6

225 g/8 oz/2 šálky para orechov, nakrájaných na hrubé plátky
50 g/2 oz/¼ šálky masla
10 ml/2 čajové lyžičky kukuričného oleja
20 ml/4 čajové lyžičky jemného, stredného alebo horúceho kari
Soľ

Opečte para orechy. Maslo a olej zohrievajte v plytkej nezakrytej panvici 1½ minúty. Pridajte vlašské orechy a jemne premiešajte s maslom a olejom, kým sa dobre nespoja. Nechajte odokryté a varte na Plne 3-4 minúty, často otáčajte a pozorne sledujte, či nezačnú hnednúť. Scedíme na kuchynskom papieri. Vhoďte do plastového vrecka s kari a soľou podľa chuti. Skladujte vo vzduchotesnej nádobe.

Modrý syr a pekanový koláč

Porcie 4–6

Sofistikovaný prírastok do rodiny quiche.

Na pečivo (cestoviny):

175 g/6 oz/1½ šálky hladkej (univerzálnej) múky.

1,5 ml/¼ lyžičky soli

100 g/3½ oz/malá ½ šálky masla zmiešaného s margarínom, bielym

tukom alebo bravčovou masťou, alebo použite všetok margarín

45 ml/3 polievkové lyžice jemne nasekaných pekanových orechov

1 malý vaječný žltok

Na náplň:

200 g/7 oz/malá 1 šálka plnotučného smotanového syra

30–45 ml/2–3 lyžice nasekanej pažítky alebo jarnej cibuľky

125 g / 4 oz / veľkorysá 1 šálka modrého syra, rozdrobeného

5 ml/1 lyžička papriky

3 vajcia

60 ml/4 polievkové lyžice smotanového mlieka alebo jednej smotany

(svetlá).

Soľ a čerstvo mleté čierne korenie

Na prípravu cesta preosejte múku a soľ do misy. Votrite tuk, kým zmes nebude pripomínať jemnú strúhanku, potom pridajte nasekané vlašské orechy. So studenou vodou vymiešame na tuhé cesto. Zabaľte do fólie a nechajte ½-¾ hodiny chladiť. Vyklopte ho na pomúčenú

dosku a rýchlo a ľahko premiešajte, kým nebude homogénna.
Vyvaľkajte na tenký kruh a vyložte sklenenú, porcelánovú alebo
keramickú misku s priemerom 20 cm/8 palcov. Uštipnite horný okraj
do malých motýľov a potom ich popichajte vidličkou. Varte odkryté
na Plne 6 minút, pričom panvicu dvakrát otočte. Ak sa cesto miestami
nafúklo, jemne zatlačte rukou chránenou chňapkou. Všetko potrieme
žĺtkom a varíme na plno 1 minútu, aby sa utesnili všetky otvory.
Nechajte odležať, kým pripravíte náplň.

Suroviny na plnku vložte do kuchynského robota, dochuťte soľou a
korením a spracujte do hladka. Zľahka rozotrite do formy na koláč
(koláč). Varte v režime rozmrazovania 14 minút, pričom nádobu trikrát
otočte. Nechajte 5 minút odstáť. Jedzte teplé alebo studené.

Bohatá pečeňová paštéta

8-10 porcií

Vynikajúce podávané s horúcim toastom na večierkoch alebo špeciálnych večeriach.

250 g/9 oz/štedrá 1 šálka masla
1 strúčik cesnaku, rozdrvený
450 g / 1 lb kuracia pečeň
1,5 ml/¼ lyžičky strúhaného muškátového orieška
Soľ a čerstvo mleté čierne korenie

Vložte 175 g masla do hrnca s objemom 1,75 l/3 pt/7 ½ šálky a roztopte, nezakryté, na vysokej teplote 2 minúty. Vmiešame cesnak. Každý kúsok kuracej pečene prepichneme špičkou noža a pridáme na tanier. Dobre premiešame s maslom. Prikryjeme tanierom a varíme na plnom ohni 8 minút, dvakrát premiešame. Vmiešame muškátový oriešok, potom podľa chuti dobre okoreníme. V dvoch batc

Horúca a kyslá krabia polievka

Brány 6

Bohatý príspevok z Číny, ľahké potešenie.

1 liter/1¾ ks/4¼ šálky hydinového vývaru

225 g/7 oz/1 malá plechovka mokrých gaštanov, nahrubo nasekaných

225g/7oz/1 malá škatuľka narezaných bambusových výhonkov vo vode

75 g húb nakrájaných na tenké plátky

150g/5oz tofu, nakrájané na malé kocky

175 g/6 oz/1 malá konzerva naložené krabie mäso, neodkvapkané a olúpané

15 ml/1 polievková lyžica kukuričnej múky

15 ml/1 polievková lyžica vody

30 ml/2 lyžice sladového octu

15 ml/1 polievková lyžica sójovej omáčky

5 ml/1 ČL sezamového oleja

2,5 ml/½ lyžičky soli

1 veľké vajce, rozšľahané

Nalejte vývar do misky s objemom 2 litre/3½ litra/8½ šálky. Pridajte obsah plechoviek s vodnými gaštanmi a bambusovými výhonkami. Pridajte huby a tofu a obsah plechovky krabieho mäsa. Zasahovať. Misu prikryte potravinovou fóliou (igelitovou fóliou) a dvakrát ju prerežte, aby mohla uniknúť para. Varte na plno 15 minút. Opatrne odokryte, aby ste zabránili popáleniu parou, a dobre premiešajte, aby sa zmes spojila. Jemne premiešajte kukuričnú múku s vodou a octom a potom vmiešajte zvyšné ingrediencie. Jemne vmiešame do polievky. Prikryjeme ako predtým a varíme na plno 4 minúty. Premiešame a prikryjeme veľkým tanierom alebo pokrievkou hrnca. Nechajte 2 minúty odstáť. Podávame horúce v porcelánových miskách.

Ľahká orientálna polievka

3-4 porcie

400 ml/16 fl oz/1 veľká plechovka mulligatawny polievka
400 ml/16 fl oz/1 veľká plechovka kokosového mlieka
Soľ
Chilli prášok
nasekaný koriander (koriander)
Popadoms, slúžiť

Nalejte polievku a kokosové mlieko do misky s objemom 1,75 litra/3 pt/7½ šálky. Podľa chuti dosolíme. Zahrievajte, odkryté, na vysokej teplote počas 7-8 minút a dvakrát premiešajte. Nalejte do teplých misiek, posypte čili práškom a koriandrom a podávajte s popadom.

Polievka s pečeňovými knedličkami

Nosíte 4

50 g/2 oz/1 šálka čerstvej bielej strúhanky

50 g/2 oz/½ šálky kuraciej pečene, mletej (mletá)

15 ml/1 polievková lyžica veľmi jemne nasekanej petržlenovej vňate,

plus navyše na ozdobu

5 ml/1 lyžička strúhanej cibule

1,5 ml/¼ čajovej lyžičky majoránky

1,5 ml/¼ lyžičky soli

Čerstvo mleté čierne korenie

½ vajca, rozšľahané

750 ml/1¼ kusov/3 šálky číreho hovädzieho alebo kuracieho vývaru

alebo konzervovaného koncentrovaného zriedeného consommé

Vložte všetky ingrediencie okrem vývaru alebo pochutiny do mixovacej nádoby. Dobre premiešame a vytvarujeme 12 malých knedlíkov. Nalejte vývar alebo consommé do 1,5-litrovej/2½-ct/6 šálok hlbokej misky a prikryte tanierom. Zahrejte celú cestu do varu, nechajte asi 8-10 minút. Pridajte knedle. Odkryté varíme 3-4 minúty, kým halušky nevykysnú a nevyplávajú na vrch polievky. Nalejte do teplých misiek, posypte petržlenovou vňaťou a ihneď podávajte.

Mrkvová krémová polievka

Brány 6

30 ml/2 polievkové lyžice kukuričnej múky (kukuričný škrob)
550 g/1 ¼ lb/1 veľká škatuľa mrkvy
450 ml/¾ na/2 šálky studeného mlieka
7,5–10 ml/1 ½–2 lyžičky soli
300 ml/½ bodu/1 ¼ šálky horúcej vody
60 ml/4 polievkové lyžice jednoduchého krému (svetlého).

Vložte kukuričnú múku do 3-litrovej/5¼-litrovej/12-šálkovej misky. Jemne premiešame s tekutinou z konzervy mrkvy. Mrkvu rozmixujte na pyré v mixéri alebo kuchynskom robote. Pridajte do misky s mliekom a soľou. Varte bez pokrievky na vysokej teplote 12 minút, kým nezhustne, pričom štyrikrát až päťkrát jemne premiešajte, aby ste zaistili hladkosť. Zrieďte horúcou vodou. Nalejte do zohriatych misiek a do každej dávky vmiešajte 10 ml/2 ČL smotany.

Studená polievka z mrkvy a póru

Brány 6

1 veľký pór, nakrájajte a dobre umyte
4 veľké mrkvy, nakrájané na tenké plátky
3 malé-stredné zemiaky nakrájané na malé kocky
150 ml/¼ pt/2/3 šálky horúcej vody
600 ml/1ks/2½ šálky zeleninového vývaru
300 ml/½ pct/1¼ šálky jednoduchého krému (svetlého).
Soľ a čerstvo mleté čierne korenie
Nasekaná žerucha

Pór nahrubo nakrájame. Všetku zeleninu vložte do hrnca s objemom 2 litre/3½ bodu/8½ šálky horúcej vody. Zakryte potravinovou fóliou (igelitom) a dvakrát prerežte, aby mohla uniknúť para. Varte na plno 15 minút, kým zelenina nezmäkne. Prenneste do mixéra alebo kuchynského robota s tekutinou z misky a spracujte na hladké pyré, v prípade potreby pridajte trochu vývaru. Nastrúhajte do veľkej misy a zmiešajte so zvyškom vývaru. Prikryte a ochlaďte. Pred podávaním jemne vmiešame smotanu a dochutíme. Nalejte do polievkových pohárov a každý posypte žeruchou.

Mrkvová a koriandrová polievka

Brány 6

Pripravte sa ako pri krémovej mrkvovej polievke, ale spolu s mrkvou pridajte do mixéra alebo kuchynského robota aj hrsť čerstvých lístkov koriandra. Voliteľne je možné pridať krém.

Mrkva s pomarančovou polievkou

Brány 6

Pripravíme ako na Krémovú mrkvovú polievku, ale do polievky v polovici varenia pridáme 10 ml/2 lyžičky nastrúhanej pomarančovej kôry. Každú porciu doplňte šľahačkou, do ktorej ste pridali trochu Grand Marnier.

Krémová šalátová polievka

Brány 6

75 g/3 oz/1/3 šálky masla alebo margarínu
2 cibule, strúhané
225g/8oz mäkký šalát, nakrájaný na prúžky
600 ml/1ks/2½ šálky smotanového mlieka
30 ml/2 polievkové lyžice kukuričnej múky (kukuričný škrob)
300 ml/½ pt/1¼ šálky horúcej vody alebo zeleninovej polievky
2,5 ml/½ lyžičky soli

Roztopte 50 g/2 oz/¼ šálky masla alebo margarínu v 1,75 l/3 pt/7½ šálky misky na rozmrazovanie na 2 minúty. Zmiešajte cibuľu a šalát. Prikryjeme tanierom a varíme na plno 3½ minúty. Preložíme do mixéra s tretinou mlieka. Spracujeme na jemné pyré. Vráťte sa do misy. Kukuričnú krupicu jemne premiešajte so zvyšnými 60 ml/4 polievkovými lyžicami mlieka. Pridajte do polievky so všetkým zvyšným mliekom, vodou alebo horúcim vývarom a soľou. Varte bez pokrievky na vysokej teplote 15 minút za častého miešania, aby bola mäkká. Podávajte vo vyhriatych miskách s 5 ml/1 ČL masla pridaným do každej.

Zelená pyré polievka

Porcie 4–6

1 okrúhly zelený šalát

125 g žeruchy alebo baby špenátu

1 pór, iba biela časť, nakrájaný na plátky

300 ml/½ bodu/1¼ šálky horúcej vody

60 ml/4 polievkové lyžice kukuričnej múky (kukuričný škrob)

300 ml/½ bodu/1¼ šálky studeného mlieka

25 g/1 oz/2 lyžice masla alebo margarínu

Soľ

Croûtons, slúžiť

Šalát a žeruchu alebo špenát dobre umyjeme a nasekáme. Vložte do misky s objemom 1,5 litra/2½ litra/6 šálok s pórom a vodou. Zakryte potravinovou fóliou (igelitom) a dvakrát prerežte, aby mohla uniknúť para. Varte na vysokej teplote 10 minút, pričom misku dvakrát otočte. Nechajte 10 minút vychladnúť. Preložíme do mixéra a spracujeme do hladka. Vráťte sa do misy. Kukuričnú múku jemne zmiešame s mliekom. Pridajte do misky s maslom alebo margarínom a soľou podľa chuti. Varte bez pokrievky na plno a trikrát premiešajte 8-10 minút alebo kým sa neprehreje a mierne zhustne. Nalejte do zohriatych polievkových misiek a do každej pridajte krutóny.

Paštrnáková a petržlenová polievka s Wasabi

Brány 6

S jemným nádychom chrenu z wasabi je to pútavo ochutená, vysoko originálna polievka s jemným nádychom sladkosti z paštrnáka.

30 ml/2 polievkové lyžice kukuričného alebo slnečnicového oleja
450 g/1 lb paštrnák, olúpaný a nakrájaný na plátky
900 ml/1½ ks/3¾ šálky dobre ochutenej zeleninovej alebo slepačej polievky
10 ml/2 ČL japonského prášku wasabi
30 ml/2 lyžice nasekanej petržlenovej vňate
150 ml/¼ lyžičky/2/3 šálky jednoduchého krému (svetlého).

Nalejte olej do hrnca s objemom 2 litre/3½ bodu/8½ šálky. Pridajte paštrnák. Zakryte potravinovou fóliou (igelitom) a dvakrát prerežte, aby mohla uniknúť para. Varte na plný 7 minút, pričom panvicu dvakrát otočte. Pridajte vývar a wasabi prášok. Prikryjeme tanierom a varíme na plno 6 minút. Necháme trochu vychladnúť, potom rozmixujeme na kašu, kým sa nezhomogenizuje v mixéri. Vráťte sa do misy. Vmiešame petržlenovú vňať. Prikryjeme ako predtým a varíme na plno 5 minút. Vmiešame smotanu a podávame.

Polievka zo sladkých zemiakov

Brány 6

Pripravte ako polievku z paštrnáku a petržlenu s wasabi, ale na kocky
nakrájané batáty nahraďte dužinou z pomaranča.

Zeleninová krémová polievka

Porcie 4–6

*Veľmi užitočná polievka - použite akúkoľvek kombináciu zeleniny,
ktorú chcete alebo máte k dispozícii.*

450 g/1 lb miešanej čerstvej zeleniny
1 cibuľa, nakrájaná
*25 g/1 oz/2 lyžice masla alebo margarínu alebo 30 ml/2 lyžice
slnečnicového oleja*
175 ml/6 fl oz/¾ šálky vody
450 ml/¾ na 2 šálky mlieka alebo zmiešaného mlieka a vody
15 ml/1 polievková lyžica kukuričnej múky (kukuričný škrob)
2,5 ml/½ lyžičky soli
Nasekaná petržlenová vňať

Zeleninu pripravíme podľa druhu a nakrájame na malé kúsky. Vložte
do misky s objemom 2 litre/3½ bodu/8½ šálky s cibuľou, maslom,
margarínom alebo olejom a 30 ml/2 polievkovými lyžicami vody.
Prikryjeme tanierom a varíme na plnom ohni 12-14 minút do mäkka,
pričom štyrikrát premiešame. Mixujte do hladka v mixéri. Vráťte sa do
misky s tromi štvrtinami mlieka alebo mlieka a vody. Kukuričnú múku
jemne premiešajte so zvyšnou tekutinou a pridajte do misky so soľou.

Varte odkryté na plnom ohni 6 minút a štyrikrát premiešajte. Polievku nalejeme do misiek a každú posypeme petržlenovou vňaťou.

Polievka zo zeleného hrášku

Porcie 4–6

Pripravte ako krémovú zeleninovú polievku, ale zmes zeleniny a cibule nahraďte 450 g mrazeného záhradného hrášku. Namiesto petržlenovej vňate zľahka ozdobíme nasekanou mätou.

Tekvicová polievka

Porcie 4–6

Pripravte si ako krémovú zeleninovú polievku, ale nahraďte zeleninu a cibuľu 450 g cukety, drene, tekvice, orecha alebo turbanu. Každú porciu posypte strúhaným muškátovým orieškom namiesto petržlenovej vňate.

Krémová hubová polievka

Porcie 4–6

Pripravte ako krémovú zeleninovú polievku, ale zmes zeleniny a cibule nahraďte hubami.

Tekvicová krémová polievka

6-8 porcií

Väčšinou na Halloween, ale polievka je skvelá studená, takže zmrazte zvyšky alebo urobte extra dávku, kým sú tekvice v sezóne, a uložte si na začiatok leta.

1,75 kg/4 lb čerstvej tekvice, buď nakrájanej na kúsky, alebo v celku
2 cibule, nahrubo nakrájané
15–20 ml/3–4 ČL soli
600 ml/1ks/2½ šálky smotanového mlieka
15 ml/1 polievková lyžica kukuričnej múky (kukuričný škrob)
30 ml/2 polievkové lyžice studenej vody
2,5 ml/½ čajovej lyžičky strúhaného muškátového orieška
Croûtons, na servírovanie (voliteľné)

Tekvicu nakrájajte na plátky ako melón. Odstráňte semená a umyte ich a osušte. Poukladajte na tanier v jednej vrstve. Jemne opekáme odkryté na plno 4 minúty. Nechajte vychladnúť, potom šupku otvorte a vyberte z nej semienka. Kniha. Tekvicu očistíme a dužinu nakrájame na pomerne veľké kocky. Vložte do veľkej misy s cibuľou a dobre premiešajte. Pevne prikryte potravinovou fóliou (igelitovou fóliou), ale nerežte. Varte na plno 30 minút, pričom misku štyrikrát otočte. Vyberte z rúry a nechajte 10 minút postáť. Tekvicu, cibuľu a tekutinu na varenie rozmixujte v niekoľkých dávkach v mixéri alebo kuchynskom robote. Vráťte sa do misy. Zmiešajte soľ a mlieko. Jemne premiešajte kukuričnú múku s vodou a pridajte do muškátového pyré. Ohrievajte, odkryté,

Kokosová pórová polievka

6-8 porcií

4 porcie kuracieho mäsa

4 póry, nahrubo nakrájané

1,25 litra/2¼ bodov/5½ šálky horúcej vody

10 ml/2 lyžičky soli

1 obálka bouquet garni

50 g/2 oz/¼ šálky dlhozrnnej, ľahko variteľnej ryže

12 sušených sliviek s kôstkami

Umyte kurča a vložte ho do hlbokej panvice s priemerom 20 cm/8 (holandská rúra). Pridajte pór. Zakryte potravinovou fóliou (igelitom) a dvakrát prerežte, aby mohla uniknúť para. Varte na plno 12 minút. Vyberte kurča z hrnca, odstráňte mäso z kostí a nakrájajte na malé kúsky. Kniha. Nalejte vodu do druhej veľkej misy. Pridajte soľ a bouquet garni s ryžou, pórom a tekutinou z kastróla. Prikryjeme tanierom a varíme na plno 18 minút. Vmiešame kura a sušené slivky. Prikryte ako predtým a varte ďalšie 3 minúty. Jedzte veľmi horúce.

škótsky vývar

Brány 6

30 ml/2 lyžice perličkového jačmeňa

225g/8oz jahňacie filé, nakrájané na kocky veľkosti sústa

1,2 litra/2 body/5 šálok horúcej vody

1 veľká cibuľa, nakrájaná

1 mrkva, nakrájaná na malé kocky

1 malá repa, nakrájaná na malé kocky

1 malý pór, nasekaný

Soľ a čerstvo mleté čierne korenie

Nasekaná petržlenová vňať

Namočte jačmeň na 4 hodiny do 75 ml/5 lyžíc studenej vody. Únik. Jahňacie mäso vložte do 2,25-litrovej/4-litrovej/10-šálkovej misky. Pridajte horúcu vodu a jačmeň. Prikryjeme tanierom a varíme na plno 4 minúty. Skim. Pridajte pripravenú zeleninu a soľ a korenie podľa chuti. Prikryjeme ako predtým a varíme na Plne 25-30 minút, kým jačmeň nezmäkne. Nechajte 5 minút odstáť. Nalejte do zohriatych polievkových misiek a každú husto posypte petržlenovou vňaťou.

Izraelská kuracia a avokádová polievka

4-5 porcií

900 ml/1 ½ ks/3¾ šálky dobre ochuteného kuracieho vývaru

1 veľké zrelé avokádo, olúpané a zbavené kôstok
30 ml/2 polievkové lyžice čerstvej citrónovej šťavy

Nalejte kurací vývar do 1,5-litrovej/2½-litrovej/6-hrnkovej misky. Prikryjeme tanierom a zahrievame na vysokej teplote 9 minút. Dužinu avokáda roztlačte s citrónovou šťavou, kým nevznikne hrubé pyré. Vmiešame do horúceho vývaru. Prikryte ako predtým a zohrievajte na vysokej teplote 1 minútu. Podáva sa horúce.

Avokádová polievka s cviklou

4-5 porcií

Pripravte si izraelskú kuraciu avokádovú polievku a každú porciu ozdobte 7,5 ml/1½ lyžičky strúhanej varenej cvikly (cvikly).

polievka

Brány 6

450 g/1 lb surovej cvikly (cvikla)

75 ml/5 lyžíc vody

1 veľká mrkva, ošúpaná a nastrúhaná

1 malá repa, olúpaná a nastrúhaná

1 cibuľa očistená a nastrúhaná

750 ml/1¼ ks/3 šálky horúcej hovädzej alebo zeleninovej polievky

125 g bielej kapusty, strúhanej

15 ml/1 polievková lyžica citrónovej šťavy

5 ml/1 čajová lyžička soli

Čerstvo mleté čierne korenie

90 ml/6 lyžíc kyslej smotany (mliečnej).

Cviklu dobre umyte, ale nechajte ju neolúpanú. Vložte do hrnca s priemerom 20 cm/8 v jednej vrstve s vodou. Zakryte potravinovou fóliou (igelitom) a dvakrát prerežte, aby mohla uniknúť para. Varte na plno 15 minút. Vložte mrkvu, repu a cibuľu do misky s objemom 2 litre/3½ litra/8½ šálky. Cviklu scedíme a očistíme a nakrájame na plátky. Pridajte do misky na zeleninu so 150 ml/¼ pt/2/3 šálky vývaru. Prikryjeme ako predtým a varíme na plno 10 minút. Primiešame zvyšný vývar a všetky zvyšné ingrediencie okrem smotany, okoreníme podľa chuti. Prikryjeme tanierom a varíme na plnom ohni 10 minút, pričom štyrikrát premiešame. Nalejte do zohriatych polievkových misiek a nalejte do nich 15 ml/1 polievkovú lyžicu smotany.

Studený boršč

Brány 6

Pripravte ako na Bortsch a nechajte vychladnúť. Za studena preceďte. Pridajte 150 ml/¼ pt/2/3 šálky studenej vody a 1 veľkú varenú cviklu, nahrubo nakrájanú. Nechajte 15 minút odstáť. Opäť sa to šmýka. Podľa chuti dochutíme extra citrónovou šťavou. Pred podávaním dajte na niekoľko hodín do chladničky.

Krémový studený boršč

Brány 6

Pripravte sa ako na Cold Bortsch. Po druhom scedení rozmixujte v mixéri alebo kuchynskom robote s 250 ml/ 8 fl oz/1 šálka polotučného crème fraîche. Kľud.

Pomarančová šošovicová polievka

4-5 porcií

125 g/4 oz/½ šálky pomarančovej šošovice
1 veľká cibuľa, nastrúhaná
1 veľká mrkva, nastrúhaná
½ malej repy, strúhanej
1 zemiak, strúhaný
20 ml/4 ČL masla alebo margarínu
5 ml/1 čajová lyžička kukuričného alebo slnečnicového oleja
30 ml/2 lyžice nasekanej petržlenovej vňate, plus navyše na ozdobu
900 ml/1½ ks/3¾ šálky horúceho kuracieho alebo zeleninového vývaru
Soľ a čerstvo mleté čierne korenie

Šošovicu umyjeme a scedíme. Vložte zeleninu, maslo alebo margarín a olej do misky s objemom 2 litre/3½ litra/8½ šálky. Pridajte petržlenovú vňať. Varte, odkryté, na plnom ohni 5 minút a trikrát premiešajte. Vmiešame šošovicu a tretinu horúceho vývaru. Podľa chuti okoreníme. Zakryte potravinovou fóliou (igelitom) a dvakrát prerežte, aby mohla uniknúť para. Varte na vysokej teplote 10 minút, kým šošovica nezmäkne. (Ak nie, varte ďalších 5-6 minút.) Presuňte do mixéra alebo kuchynského robota a spracujte, kým nevznikne hrubé pyré. Vráťte do misy so zvyšným vývarom. Prikryjeme tanierom a zohrievame pri vysokej teplote 6 minút a trikrát premiešame. Ihneď podávajte, každú porciu posypte ďalšou petržlenovou vňaťou.

Pomarančová šošovicová polievka so syrom a praženými kešu

4-5 porcií

Pripravte ako polievku z pomarančovej šošovice, ale po konečnom zohriatí pridajte 60 ml/4 lyžice strúhaného syra Eidam a 60 ml/4 lyžice nahrubo nasekaných opečených kešu.

Šošovicová polievka s paradajkovou oblohou

4-5 porcií

Pripravte ako polievku z pomarančovej šošovice, ale namiesto posypania petržlenovou vňaťou pridajte ku každej porcii 5 ml/1 ČL pretlaku zo sušených paradajok a potom zalejte plátkom čerstvej paradajky.

Žltá hrachová polievka

6-8 porcií

Švédska verzia hrachovej polievky, ktorá sa vo Švédsku konzumuje každý štvrtok. Po ňom zvyčajne nasledujú palacinky a džem.

350 g/12 oz/1½ šálky žltého hrachu, prepláchnutého
900 ml/1½ ks/3¾ šálky studenej vody
5 ml/1 lyžička majoránky
1 šunková kosť, približne 450 – 500 g/1 lb
750 ml/1¼ ks/3 šálky horúcej vody
5–10 ml/1–2 ČL soli

Vložte štiepaný hrášok do mixovacej nádoby. Pridajte studenú vodu. Prikryjeme tanierom a varíme na plno 6 minút. Nechajte pôsobiť 3 hodiny. Prenesete hrášok a namočenú vodu do 2,5-litrovej/4½-litrovej/11-šálkovej misky. Vmiešame majoránku a pridáme šunkovú kosť. Zakryte potravinovou fóliou (igelitom) a dvakrát prerežte, aby mohla uniknúť para. Varte na plno 30 minút. Vmiešame polovicu horúcej vody. Prikryjeme ako predtým a varíme na plno ďalších 15 minút. Odstráňte kosť. Mäso vyberieme z kosti a nakrájame na malé kúsky. Vráťte sa do polievky so zvyšnou horúcou vodou. Dochutíme soľou. Dobre premiešajte. Prikryjeme tanierom a prehrievame maximálne 3 minúty. Polievku je možné podľa potreby zriediť extra vriacou vodou.

Francúzska cibuľová polievka

Brány 6

30 ml/2 polievkové lyžice masla, margarínu alebo slnečnicového oleja
4 cibule, nakrájané na tenké plátky a rozdelené na koliesko
20 ml/4 čajové lyžičky kukuričnej múky (kukuričný škrob)
900 ml/1½ ks/3¾ šálky horúceho hovädzieho vývaru alebo consommé
Soľ a čerstvo mleté čierne korenie
6 plátkov francúzskeho chleba, nakrájaných diagonálne
90 ml/6 lyžíc strúhaného syra Gruyère (švajčiarsky) alebo Jarlsberg
Paprika

Vložte maslo, margarín alebo olej do misky s objemom 2 litre/3½ litra/8½ šálky. Zahrievajte, odkryté, na plno 2 minúty. Zmiešajte cibuľové krúžky v miske. Varte odkryté na plnom ohni 5 minút. Vmiešame kukuričnú múku. Postupne vmiešame polovicu horúceho vývaru. Misu prikryte potravinovou fóliou (igelitovou fóliou) a dvakrát ju prerežte, aby mohla uniknúť para. Varte na plno 30 minút, pričom hrniec štyrikrát otočte. Primiešame zvyšný vývar a dochutíme. Dobre premiešajte. Nalejte polievku do šiestich misiek a do každej pridajte krajec chleba. Posypeme syrom a paprikou. Vráťte každú jednotlivú misku do mikrovlnnej rúry a zohrievajte na plnú 1½ minúty, kým sa syr neroztopí a nezačne bublať. Jedzte ihneď.

Minestrone

8-10 porcií

350 g cukety (cukety), nakrájanej na tenké plátky

225 g mrkvy, nakrájanej na tenké plátky

225 g cibule, nahrubo nakrájanej

125 g bielej kapusty, strúhanej

125 g zelenej kapusty, strúhanej

3 stonky zeleru, nakrájané na tenké plátky

3 zemiaky, nakrájané na kocky

125 g/4 oz/1 šálka čerstvého alebo mrazeného hrášku

125 g/4 oz nakrájané čerstvé alebo mrazené zelené fazuľky

400g/14oz/1 veľká plechovka paradajok

30 ml/2 lyžice paradajkového pretlaku (pasta)

50g/2oz makaróny, nakrájané na krátke dĺžky

1 liter/1¾ bodov/4¼ šálky horúcej vody

15–20 ml/3–4 ČL soli

100 g/3½ oz/1 šálka strúhaného parmezánu

Všetku pripravenú zeleninu vložte do misky s objemom 3,5 litra/6 bodov/15 šálok. Vmiešajte zvyšné ingrediencie okrem vody a soli, pričom paradajky rozdrobte na boku misky zadnou časťou drevenej lyžice. Zakryte veľkým tanierom a varte na plnom ohni 15 minút a trikrát premiešajte. Vmiešajte asi tri štvrtiny horúcej vody. Prikryte ako predtým a varte na plný 25 minút, štyrikrát alebo päťkrát premiešajte. Odstráňte z mikrovlnnej rúry. Vmiešame zvyšnú vodu a soľ podľa chuti. Ak sa vám polievka zdá príliš hustá, rozrieďte ju ďalšou vriacou vodou. Vložte do hlbokých misiek a podávajte s parmezánom podávaným oddelene.

Minestrone Genovese

8-10 porcií

Pripravte ako Minestrone, ale pred podávaním pridajte 30 ml/2 polievkové lyžice hotového zeleného pesta.

Talianska zemiaková polievka

4-5 porcií

1 veľká cibuľa, nakrájaná

30 ml/2 polievkové lyžice olivového alebo slnečnicového oleja

4 veľké zemiaky

1 malá kosť varenej šunky

1,25 litra/2¼ bodov/5½ šálky horúceho kuracieho vývaru

Soľ a čerstvo mleté čierne korenie

60 ml/4 polievkové lyžice jednoduchého krému (svetlého).

Strúhaný muškátový oriešok

30 ml/2 lyžice nasekanej petržlenovej vňate

Vložte cibuľu a olej do 2,25-litrovej/4-litrovej/10-šálkovej misky.
Varte, odkryté, na rozmrazovaní 5 minút a dvakrát premiešajte.
Medzitým si ošúpeme a nastrúhame zemiaky. Vmiešame cibuľu a
pridáme šunkovú kosť, horúci vývar a soľ a korenie podľa chuti.
Prikryjeme tanierom a varíme na plnom ohni 15 – 20 minút, dvakrát
premiešame, kým zemiaky nezmäknú. Vmiešame smotanu, nalejeme
do polievkových misiek a posypeme muškátovým orieškom a
petržlenovou vňaťou.

Polievka z čerstvých paradajok a zeleru

6-8 porcií

900 g / 2 lb zrelých paradajok, blanšírovaných, olúpaných a
nakrájaných na štvrtiny
50 g/2 oz/¼ šálky masla alebo margarínu alebo 30 ml/2 lyžice
olivového oleja
2 stonky zeleru, nakrájané nadrobno
1 veľká cibuľa nakrájaná nadrobno
30 ml/2 lyžice jemného tmavohnedého cukru
5 ml/1 ČL sójovej omáčky
2,5 ml/½ lyžičky soli
300 ml/½ bodu/1¼ šálky horúcej vody
30 ml/2 polievkové lyžice kukuričnej múky (kukuričný škrob)
150 ml/¼ pt/2/3 šálky studenej vody
Stredné Sherry

Paradajky rozmixujte v mixéri alebo kuchynskom robote. Vložte
maslo, margarín alebo olej do misky s objemom 1,75 litra/3 pt/7½
šálky. Úplne zahrievajte 1 minútu. Vmiešame zeler a cibuľu.
Prikryjeme tanierom a varíme na plno 3 minúty. Pridajte paradajkový
pretlak, cukor, sójovú omáčku, soľ a horúcu vodu. Prikryjeme ako
predtým a varíme na plný 8 minút, pričom štyrikrát premiešame.
Medzitým jemne zmiešame maizenu so studenou vodou. Vmiešame do

polievky. Varte odkryté na plnom ohni 8 minút a štyrikrát premiešajte.
Nalejte do polievkových misiek a do každej pridajte trochu sherry.

Paradajková polievka s avokádovým dresingom

Brány 8

2 zrelé avokáda

Šťava z 1 malej limetky

1 strúčik cesnaku, rozdrvený

30 ml/2 lyžice horčičnej majonézy

45 ml/3 polievkové lyžice crème fraîche

5 ml/1 čajová lyžička soli

Štipka kurkumy

600 ml/20 fl oz/2 plechovky Kondenzovaná paradajková polievka

600 ml/1ks/2½ šálky teplej vody

2 paradajky, blanšírované, ošúpané, semená a nakrájané na štvrtiny

Avokádo ošúpeme a prekrojíme na polovicu, pričom odstránime
kôstky. Dužinu rozdrvte najemno, potom zmiešajte s citrónovou
šťavou, cesnakom, majonézou, crème fraîche, soľou a kurkumou.
Prikryte a chlaďte, kým nie je potrebné. Nalejte obe plechovky
polievky do hrnca s objemom 1,75 litra/3 pt/7½ šálky. Vodu jemne
rozšľaháme. Dužinu paradajok nakrájajte na pásiky a dve tretiny
pridajte do polievky. Hrniec prikryte tanierom a varte na plný 9 minút,
kým nebude veľmi horúci, pričom štyrikrát alebo päťkrát premiešajte.

Nalejte do polievkových misiek a do každej pridajte lyžicu avokádového dresingu. Ozdobte zvyšnými pásikmi paradajok.

Studený syr a cibuľová polievka

6-8 porcií

25 g/1 oz/2 lyžice masla alebo margarínu

2 cibule, nakrájané

2 stonky zeleru, nakrájané nadrobno

30 ml/2 polievkové lyžice hladkej (univerzálnej) múky.

900 ml/1½ ks/3¾ šálky teplej kuraciej alebo zeleninovej polievky

45 ml/3 polievkové lyžice suchého bieleho vína alebo bieleho portského

Soľ a čerstvo mleté čierne korenie

125 g/4 oz/1 šálka modrého syra, rozdrobeného

125 g/4 oz/1 šálka syra Cheddar, strúhaný

150 ml/¼ pt/2/3 šálky smotany na šľahanie

Jemne nakrájanú šalviu, na ozdobu

Vložte maslo alebo margarín do misky s objemom 2,25 litra/4 pt/10 šálok. Roztopte, odkryté, na rozmrazovanie 1½ minúty. Vmiešame cibuľu a zeler. Prikryjeme tanierom a varíme na plno 8 minút. Odstráňte z mikrovlnnej rúry. Vmiešame múku, potom postupne primiešame vývar a víno alebo portské. Prikryjeme ako predtým a varíme na plnom ohni 10-12 minút za stáleho miešania každé 2-3 minúty, kým polievka nie je hladká, zhustnutá a horúca. Podľa chuti okoreníme. Pridajte syry a miešajte, kým sa neroztopia. Zakryte a nechajte vychladnúť, potom vložte do chladničky na niekoľko hodín alebo cez noc. Pred podávaním premiešame a jemne vmiešame smotanu. Nalejte do pohárov alebo misiek a každú jemne posypte šalviou.

Syrová polievka na švajčiarsky spôsob

6-8 porcií

25 g/1 oz/2 lyžice masla alebo margarínu
2 cibule, nakrájané
2 stonky zeleru, nakrájané nadrobno
30 ml/2 polievkové lyžice hladkej (univerzálnej) múky.
900 ml/1½ ks/3¾ šálky teplej kuraciej alebo zeleninovej polievky
45 ml/3 polievkové lyžice suchého bieleho vína alebo bieleho
portského
5 ml/1 lyžička semien rasce
1 strúčik cesnaku, rozdrvený
Soľ a čerstvo mleté čierne korenie
225 g/8 oz/2 šálky ementálu alebo gruyère (švajčiarskeho) syra,
strúhaného
150 ml/¼ pt/2/3 šálky smotany na šľahanie
Krutóny

Vložte maslo alebo margarín do misky s objemom 2,25 litra/4 pt/10 šálok. Roztopte, odkryté, na rozmrazovanie 1½ minúty. Vmiešame cibuľu a zeler. Prikryjeme tanierom a varíme na plno 8 minút. Odstráňte z mikrovlnnej rúry. Vmiešame múku, potom postupne primiešame vývar a víno alebo portské. Vmiešame rasce a cesnak. Prikryjeme ako predtým a varíme na plnom ohni 10-12 minút za stáleho miešania každé 2-3 minúty, kým polievka nie je horúca, hladká a nezhustne. Podľa chuti okoreníme. Pridajte syr a miešajte, kým sa neroztopí. Vmiešame smotanu. Nalejte do pohárov alebo misiek a podávajte horúce, ozdobené krutónmi.

Avgolemono polievka

Brány 6

1,25 litra/2¼ bodov/5½ šálky horúceho kuracieho vývaru
60 ml/4 polievkové lyžice ryže na rizoto
Šťava z 2 citrónov
2 veľké vajcia
Soľ a čerstvo mleté čierne korenie

Nalejte vývar do 1,75-litrovej/ 3-litrovej/7½ šálky hlbokej misky. Vmiešame ryžu. Prikryjeme tanierom a varíme na plnom ohni 20-25 minút, kým ryža nezmäkne. V polievke alebo inej veľkej servírovacej miske dobre rozšľahajte citrónovú šťavu a vajcia. Jemne pridajte vývar a ryžu. Pred podávaním okoreníme podľa chuti.

Uhorková krémová polievka s pastisom

6-8 porcií

900g/2lb uhorky, ošúpané

45 ml/3 lyžice masla alebo margarínu

30 ml/2 polievkové lyžice kukuričnej múky (kukuričný škrob)

600 ml/1ks/2½ šálky kuracieho alebo zeleninového vývaru

300 ml/½ bodu/1¼ šálky smotany na šľahanie

7,5–10 ml/1½–2 lyžičky soli

10 ml/2 čajové lyžičky Pernod alebo Ricard (pastis)

Čerstvo mleté čierne korenie

Nasekaný kôpor (kôprová burina)

Uhorku nakrájajte na veľmi tenké plátky pomocou strúhadla alebo kotúča kuchynského robota. Vložte do misy, prikryte a nechajte 30 minút postáť, aby mohla odtiecť časť vlhkosti. Vyžmýkajte čo najsuchšie v čistej utierke (utierke). Vložte maslo alebo margarín do misky s objemom 2,25 litra/4 pt/10 šálok. Roztopte, odkryté, na rozmrazovanie 1½ minúty. Vmiešame uhorky. Prikryjeme tanierom a na plnom ohni varíme 5 minút a trikrát premiešame. Jemne premiešajte kukuričnú múčku s trochou vývaru a potom pridajte zvyšný vývar. Postupne vmiešame do uhoriek. Varte bez pokrievky na Plne asi 8 minút, trikrát až štyrikrát premiešajte, kým polievka nie je horúca, hladká a nezhustne. Pridáme smotanu, soľ a pastu a dobre premiešajte. Ohrievajte nezakryté na vysokej teplote 1–1 1/2 minúty. Dochutíme korením.

Kari polievka s ryžou

Brány 6

Príjemne jemná anglo-indická kuracia polievka.

30 ml/2 polievkové lyžice arašidového alebo slnečnicového oleja

1 veľká cibuľa, nakrájaná

3 stonky zeleru, nakrájané nadrobno

15 ml/1 polievková lyžica jemného kari

30 ml/2 polievkové lyžice stredne suchého sherry

1 liter/1¾ bodov/4¼ šálky kuracieho alebo zeleninového vývaru

125 g/4 oz/½ šálky dlhozrnnej ryže

5 ml/1 čajová lyžička soli

15 ml/1 polievková lyžica sójovej omáčky

175 g/6 oz/1½ šálky vareného kuracieho mäsa, nakrájaného na prúžky

Hustý obyčajný jogurt alebo crème fraîche na servírovanie

Nalejte olej do hrnca s objemom 2,25 litra/4 pt/10 šálok. Zahrievajte, odkryté, na plno 1 minútu. Pridajte cibuľu a zeler. Varte, odokryté, na plnom ohni 5 minút, raz premiešajte. Vmiešame kari, sherry, vývar, ryžu, soľ a sójovú omáčku. Prikryjeme tanierom a varíme na plnom ohni 10 minút, dvakrát premiešame. Pridajte kuracie mäso. Prikryjeme ako predtým a varíme na plno 6 minút. Nalejte do misiek a na vrch každej nalejte jogurt alebo crème fraîche.

Vichyssoise

Brány 6

Moderná a studená verzia pórovej a zemiakovej polievky, ktorú vynašiel americký šéfkuchár Louis Diat na začiatku 20. storočia.

2 póry
350 g zemiakov ošúpaných a nakrájaných na plátky
25 g/1 oz/2 lyžice masla alebo margarínu
30 ml/2 polievkové lyžice vody
450 ml/¾ na/2 šálky mlieka
15 ml/1 polievková lyžica kukuričnej múky (kukuričný škrob)
150 ml/¼ pt/2/3 šálky studenej vody
2,5 ml/½ lyžičky soli
150 ml/¼ lyžičky/2/3 šálky jednoduchého krému (svetlého).
Nasekaná pažítka, na ozdobu

Nakrájajte pór, odrežte väčšinu zelene. Zvyšok odrežte a dobre umyte.
Nakrájajte nahrubo. Vložte do hrnca s objemom 2 litre/3½ bodu/8½
šálky so zemiakmi, maslom alebo margarínom a vodou. Prikryjeme
tanierom a varíme na plnom ohni 12 minút za miešania štyrikrát.
Premiestnite do mixéra, pridajte mlieko a spracujte na pyré. Vráťte sa
na tanier. Jemne premiešajte kukuričnú múku s vodou a pridajte do
misky. Dochutíme soľou. Varte bez pokrievky na plno 6 minút a každú
minútu šľahajte. Necháme vychladnúť. Vmiešame smotanu. Prikryte a
dobre vychlaďte. Nalejte do misiek a každú porciu posypte pažítkou.

Studená uhorková polievka s jogurtom

6-8 porcií

25 g/1 oz/2 lyžice masla alebo margarínu

1 veľký strúčik cesnaku

1 uhorka, ošúpaná a nahrubo nastrúhaná

600 ml/1 ks/2½ šálky bieleho jogurtu

300 ml/½ bodu/1¼ šálky mlieka

150 ml/¼ pt/2/3 šálky studenej vody

2,5–10 ml/½–2 lyžičky soli

Nasekaná mäta, na ozdobu

Vložte maslo alebo margarín do misky s objemom 1,75 litra/3 pt/7½
šálky. Zahrievajte, odkryté, na plno 1 minútu. Rozdrvte cesnak a
pridajte uhorky. Varte odkryté na plnom ohni 4 minúty a dvakrát
premiešajte. Odstráňte z mikrovlnnej rúry. Zmiešajte všetky zvyšné

ingrediencie. Prikryte a vložte do chladničky na niekoľko hodín. Vložte do misiek a každú porciu posypte mätou.

Vychladená špenátová polievka s jogurtom

6-8 porcií

25 g/1 oz/2 lyžice masla alebo margarínu

1 veľký strúčik cesnaku

450 g / 1 lb mladých špenátových listov, nakrájaných

600 ml/1 ks/2½ šálky bieleho jogurtu

300 ml/½ bodu/1¼ šálky mlieka

150 ml/¼ pt/2/3 šálky studenej vody

2,5–10 ml/½–2 lyžičky soli

Šťava z 1 citróna

Strúhaný muškátový oriešok alebo mletý vlašský orech na ozdobu

Vložte maslo alebo margarín do misky s objemom 1,75 litra/3 pt/7½ šálky. Zahrievajte, odkryté, na plno 1 minútu. Rozdrvte cesnak a pridajte špenát. Varte odkryté na plnom ohni 4 minúty a dvakrát premiešajte. Odstráňte z mikrovlnnej rúry. V mixéri alebo kuchynskom robote rozmixujte na hrubé pyré. Zmiešajte všetky zvyšné ingrediencie. Prikryte a vložte do chladničky na niekoľko hodín. Vložte do misiek a každú porciu posypte mletým muškátovým orieškom alebo orechom.

Chladená paradajková polievka so sherried

4-5 porcií

300 ml/½ pt/1 ¼ šálky vody
300 ml/10 fl oz/1 plechovka Kondenzovaná paradajková polievka
30 ml/2 lyžice suchého sherry
150 ml/¼ lyžičky/2/3 šálky dvojitej smotany (ťažkej).
5 ml/1 ČL worcesterskej omáčky
Nasekaná pažítka, na ozdobu

Nalejte vodu do hrnca s objemom 1,25 litra / 2¼ pt / 5½ šálky a zohrievajte bez pokrievky na vysokej teplote 4-5 minút, kým nezačne vrieť. Pridajte paradajkovú polievku. Keď je úplne hladká, dobre premiešajte zvyšné ingrediencie. Zakryte a nechajte vychladnúť 4-5 hodín. Premiešame, vložíme do sklenených misiek a každú posypeme pažítkou.

Rybia palica z Nového Anglicka

6-8 porcií

*Clam Chowder, ktorý sa vždy podáva v Severnej Amerike na nedeľný
brunch, je dokonalou klasikou, no keďže mušle nie je také ľahké
zohnať, nahradili ju biele ryby.*

5 kusov slaniny (plátky), nahrubo nakrájanej

1 veľká cibuľa očistená a nastrúhaná

15 ml/1 polievková lyžica kukuričnej múky (kukuričný škrob)

30 ml/2 polievkové lyžice studenej vody

450 g zemiakov nakrájaných na 1 cm/½ kocky

900 ml/1½ ks/3¾ šálky horúceho plnotučného mlieka

*450 g pevných bielych rybích filé, zbavených kože a nakrájaných na
malé kúsky*

2,5 ml/½ lyžičky mletého muškátového orieška

Soľ a čerstvo mleté čierne korenie

Vložte slaninu do 2,5-litrovej/4½-litrovej/11-šálkovej misky. Pridajte cibuľu a varte 5 minút bez pokrievky na vysokej teplote. Jemne premiešajte kukuričnú múku s vodou a premiešajte v miske. Vmiešame zemiaky a polovicu horúceho mlieka. Varte odkryté na plnom ohni 6 minút a trikrát premiešajte. Primiešame zvyšné mlieko a odkryté varíme na plno 2 minúty. Pridajte rybu s muškátovým orieškom a osoľte podľa chuti. Prikryjeme tanierom a varíme na plno 2 minúty, kým ryba nezmäkne. (Nebojte sa, ak sa ryba začala uvoľňovať.) Nalejte do hlbokých misiek a ihneď jedzte.

Krabia polievka

Nosíte 4

25 g/1oz/2 lyžice nesoleného masla (sladkého).
20 ml/4 lyžičky hladkej (univerzálnej) múky.
300 ml/½ bodu/1¼ šálky zohriateho smotanového mlieka
300 ml/½ pt/1¼ šálky vody
2,5 ml/½ čajovej lyžičky anglickej pripravenej horčice
Štipka feferónkovej omáčky
25 g/1 oz/¼ šálky syra Cheddar, strúhaného
175 g/6 oz svetlé a tmavé krabie mäso
Soľ a čerstvo mleté čierne korenie
45 ml/3 lyžice suchého sherry

Maslo vložte do misky s objemom 1,75 litra/3 litra/7½ šálky. Rozmrazujte 1-1½ minúty. Primiešame múku. Varte bez pokrievky na

vysokej teplote 30 sekúnd. Postupne primiešame mlieko a vodu. Varte
bez pokrievky na plnom ohni 5-6 minút, kým sa nezhomogenizuje a
nezhustne, každú minútu šľahajte. Zmiešajte všetky zvyšné
ingrediencie. Varte bez pokrievky na plnom ohni 1½-2 minúty,
dvakrát premiešajte, kým sa neuvarí.

Krabia a citrónová polievka

Nosíte 4

Pripravte sa ako krabia polievka, ale pridajte 5 ml/1 ČL jemne
nastrúhanej citrónovej kôry so zvyšnými ingredienciami. Každú porciu
posypeme trochou strúhaného muškátového orieška.

Lobster bisque

Nosíte 4

Pripravte sa ako pri krabovej polievke, ale mlieko nahraďte obyčajnou
(svetlou) smotanou a krabie mäso mletým homárskym mäsom.

Suchá balená polievka

Obsah balenia vložte do nádoby s objemom 1,25 litra/2¼ pt/5½ šálky. Postupne vmiešame odporúčané množstvo studenej vody. Prikryjeme a necháme 20 minút postáť, aby zelenina zmäkla. Zasahovať. Prikryjeme tanierom a varíme na plnom ohni 6-8 minút za 2x miešania, kým polievka neprevarí a nezhustne. Nechajte 3 minúty odstáť. Premiešame a podávame.

Konzervovaná kondenzovaná polievka

Polievku nalejte do odmerky s objemom 1,25 litra/2¼ pt/5½ šálky. Pridajte 1 plechovku vriacej vody a dobre premiešajte. Prikryjeme tanierom alebo tanierom a zohrievame 6-7 minút, pričom dvakrát premiešame, kým polievka neprivedie do varu. Nalejte do misiek a podávajte.

Prihrievanie polievok

Pre úspešné výsledky zohrejte číre alebo riedke polievky na plných, krémových polievkach a bujónoch pri rozmrazovaní.

Zahrievanie vajec na varenie

Neoceniteľné, ak sa rozhodnete piecť na poslednú chvíľu a potrebujete vajíčka izbovej teploty.

Na 1 vajce:rozbiť vajíčko do malej misky alebo pohára. Dvakrát prepichnite žĺtok špajdľou alebo špičkou noža, aby ste zabránili prasknutiu šupky a prasknutiu žĺtka. Misku alebo pohár prikryte tanierom. Zahrievajte na rozmrazovanie 30 sekúnd.

Na 2 vajíčka:ako 1 vajce, ale zahrievajte 30–45 sekúnd.

Na 3 vajíčka:ako 1 vajce, ale zohrejte 1–1¼ minúty.

Smažené vajíčka

Tie sa najlepšie varia individuálne vo vlastných jedlách.

Na 1 vajce:nalejte 90 ml/6 polievkových lyžíc horúcej vody do plytkej misky. Pridajte 2,5 ml/½ čajovej lyžičky svetlého octu, aby sa bielko nerozšírilo. Opatrne vložte 1 vajce, najskôr rozbité do pohára. Dvakrát prepichnite žĺtok špajdľou alebo špičkou noža. Prikryjeme tanierom a varíme na plný 45 sekúnd – 1¼ minúty, podľa toho, aké tuhé bielka máte radi. Nechajte pôsobiť 1 minútu. Vyberte z misky s dierkovaným plátkom ryby.

Na 2 vajcia uvarené 2 spôsobmi naraz:varte na plný 1½ minúty. Nechajte stáť 1¼ minúty. Ak sú bielka príliš tekuté, varte ďalších 15-20 sekúnd.

Na 3 vajcia uvarené na 3 spôsoby naraz:varte na plno 2-2½ minúty. Nechajte 2 minúty odstáť. Ak sú bielka príliš tekuté, varte ďalších 20-30 sekúnd.

Vyprážané (dusené) vajcia.

Mikrovlnná rúra tu odvádza skvelú prácu a vajcia sú mäkké a jemné, vždy slnečnou stranou nahor a s bielym okrajom, ktorý sa nikdy nemieša. Neodporúča sa vyprážať naraz viac ako 2 vajcia, žĺtka by sa uvarili rýchlejšie ako bielka a stvrdli. Je to spôsobené dlhším časom varenia potrebným na stuhnutie vaječných bielkov. Používajte porcelán alebo keramiku bez akejkoľvek stopy zdobenia, ako je to vo Francúzsku.

Na 1 vajce:malú porcelánovú alebo keramickú misku zľahka vymastíme rozpusteným maslom, margarínom alebo stopou jemného olivového oleja. Rozbite vajíčko do pohára a potom ho vložte do pripravenej misky. Dvakrát prepichnite žĺtok špajdľou alebo špičkou noža. Jemne posypte soľou a čerstvo mletým čiernym korením. Prikryjeme tanierom a varíme na plno 30 sekúnd. Nechajte pôsobiť 1 minútu. Pokračujte vo varení ďalších 15-20 sekúnd. Ak bielka nie sú dostatočne zmrazené, varte ďalších 5-10 sekúnd.

Na 2 vajíčka:ako 1 vajce, ale najprv varte na plno 1 minútu, potom nechajte 1 minútu. Varte ďalších 20-40 sekúnd. Ak bielka nie sú dostatočne stuhnuté, počkajte ďalších 6-8 sekúnd.

Piperáda

Nosíte 4

30 ml/2 lyžice olivového oleja
3 cibule, veľmi tenké plátky
2 zelené papriky (tučné), zbavené semienok a nakrájané nadrobno
6 paradajok, blanšírovaných, olúpaných, zbavených semienok a
nasekaných
15 ml/1 polievková lyžica nasekaných lístkov bazalky
Soľ a čerstvo mleté čierne korenie
6 veľkých vajec
60 ml/4 polievkové lyžice dvojitej (ťažkej) smotany.
Toast, slúžiť

Nalejte olej do hlbokého hrnca s priemerom 25 cm/10 a zohrievajte ho bez pokrievky na plno 1 minútu. Zmiešajte cibuľu a korenie. Prikryjeme tanierom a varíme v režime rozmrazovania 12-14 minút, kým zelenina nezmäkne. Primiešame paradajky a bazalku a okoreníme

podľa chuti. Prikryjeme ako predtým a varíme na plno 3 minúty.
Vajíčka a smotanu dobre rozšľaháme a okoreníme podľa chuti. Nalejte
do misy a spojte so zeleninou. Varte odkryté na plnom ohni 4-5 minút,
kým sa ľahko nerozmieša, pričom každú minútu miešajte. Pred
podávaním s chrumkavým toastom prikryte a nechajte 3 minúty
postáť.

Pepperáda s Gammonom

Nosíte 4

Pripravte sa ako pri Piperade, ale lyžičkou nakladajte na porcie hrianky
(dusené) a na každú pridajte plátok grilovanej (pečenej) alebo
mikrovlnnej šunky.

Piperáda

Nosíte 4

Španielska verzia Piperada.

Pripravte ako Piperade, ale pridajte 2 strúčiky cesnaku, pretlačené, s
cibuľou a zelenou paprikou (tuk) a pridajte 125g/4oz/1 šálku nahrubo

nasekanej šunky k uvarenej zelenine. Každú porciu ozdobíme
nakrájanými plnenými olivami.

Florentské vajcia

Nosíte 4

450 g / 1 lb čerstvo uvareného špenátu

60 ml/4 lyžice smotany na šľahačku

4 pošírované vajcia, uvarené po 2 naraz

300 ml/½ pt/1¼ šálky Horúca syrová omáčka alebo Mornay omáčka

50 g/2 oz/½ šálky strúhaného syra

Špenát a smotanu spolu spracujte v kuchynskom robote alebo mixéri.
Poukladajte do maslom vymastenej 18 cm/7 palcovej zapekacej misy.
Prikryte tanierom a zohrievajte na vysokej teplote 1½ minúty. Navrch
poukladáme vajíčka a zalejeme horúcou omáčkou. Posypeme syrom a
opražíme pod rozpáleným grilom (brojler).

Vaječný poach Rossini

PORCIE 1

Vznikne tak trochu elegantný obed s listovým šalátom.

Plátky celozrnného chleba bez kôrky smažte (smažte) alebo opečte. Potrieme hladkou pečeňovou paštétou obsahujúcou, ak to náklady dovolia, hľuzovky. Navrch dáme čerstvo uvarené pošírované vajíčko a ihneď podávame.

Baklažán

Nosíte 4

Izraelský nápad, ktorý dobre dopadne v mikrovlnke. Vôňa je prekvapivo silná.

750 g baklažánu (baklažán)
15 ml/1 polievková lyžica citrónovej šťavy
15 ml/1 polievková lyžica kukuričného alebo slnečnicového oleja

2 cibule, nakrájané nadrobno

2 strúčiky cesnaku, mleté

4 veľké vajcia

60 ml/4 polievkové lyžice mlieka

Soľ a čerstvo mleté čierne korenie

Toast s horúcim maslom na servírovanie

Navrch a chvost baklažánov a ich prekrojenie pozdĺžne na polovicu. Poukladáme na veľký tanier reznou stranou nadol a prikryjeme kuchynským papierom. Dôkladne varte 8-9 minút alebo do mäkka. Vyberte dužinu zo šupky priamo do kuchynského robota s citrónovou šťavou a spracujte na hrubú kašu. Vložte olej do hrnca s objemom 1,5 litra/2½ bodu/6 šálok. Zahrievajte, odkryté, na plný 30 sekúnd. Zmiešajte cibuľu a cesnak. Varte odkryté na plnom ohni 5 minút. Vajíčka rozšľaháme s mliekom a podľa chuti dobre okoreníme. Nalejte do misy a miešajte s cibuľou a cesnakom na plný 2 minúty a premiešajte každých 30 sekúnd. Zmiešajte cibuľu a cesnak a pridajte baklažánové pyré. Pokračujte vo varení bez pokrievky na vysokej teplote 3-4 minúty a každých 30 sekúnd miešajte, kým zmes nezhustne a vajíčka sa nerozmiešajú. Podávame na horúcich toastoch pomastených maslom.

Klasická omeleta

Časť 1

Omeleta s ľahkou textúrou, ktorá sa môže podávať obyčajná alebo plnená.

Roztopené maslo alebo margarín
3 vajcia
20 ml/4 lyžičky soli
Čerstvo mleté čierne korenie
30 ml/2 polievkové lyžice studenej vody
Petržlen alebo žerucha, na ozdobu

Plytkú misku s priemerom 20 cm/8 cm vymastíme rozpusteným maslom alebo margarínom. Vajíčka dobre rozšľaháme so všetkými zvyšnými ingredienciami okrem ozdoby. (Jemné rozbitie vajíčok ako pri tradičných omeletách nestačí.) Nalejte do misky, prikryte tanierom a vložte do mikrovlnnej rúry. Varte na plno 1½ minúty. Odkryte a jemne preložte vaječnú zmes drevenou lyžicou alebo vidličkou, pričom čiastočne zasadené okraje dajte do stredu. Zakryte ako predtým a vráťte do mikrovlnnej rúry. Varte na plno 1½ minúty. Odkryte a pokračujte vo varení 30-60 sekúnd, alebo kým vrch nestuhne. Preložíme na tretiny a preložíme na vyhriaty tanier. Ozdobte a ihneď podávajte.

Ochutené omelety

Časť 1

Omeleta s petržlenovou vňaťou:pripravte ako klasickú omeletu, ale vajíčka posypte 30 ml/2 polievkovými lyžicami nasekanej petržlenovej vňate potom, čo bola omeleta uvarená počas prvej 1½ minúty.

Omeleta s pažítkou:pripravte ako klasickú omeletu, ale vajíčka posypte 30 ml/2 polievkovými lyžicami nasekanej pažítky potom, čo sa omeleta uvarila počas prvej 1½ minúty.

Žeruchová omeleta:pripravte ako klasickú omeletu, ale vajíčka posypte 30 ml/2 polievkovými lyžicami nasekanej žeruchy potom, čo sa omeleta uvarila počas prvej 1½ minúty.

Omeleta s jemnými bylinkami:pripravte ako klasickú omeletu, ale po varení omelety počas prvej 1,5 minúty posypte vajíčka 45 ml/3 polievkovými lyžicami nasekanej petržlenovej vňate, žeruchy a bazalky. Môže sa pridať aj trochu čerstvého estragónu.

Koriandrová kari omeleta:pripravte ako klasickú omeletu, ale okrem soli a korenia rozšľahajte vajcia a vodu s 5–10 ml/1–2 ČL kari. Po uvarení omelety počas prvej 1½ minúty posypte vajcia 30 ml/2 polievkové lyžice nasekaného koriandra (koriandra).

Omeleta so syrom a horčicou:pripravuje sa ako klasická omeleta, ale vajíčka a vodu rozšľaháme s 5 ml/1 ČL pripravenej horčice a 30 ml/2 ČL strúhaného tvrdého syra veľmi najemno a dobre ochutené, spolu so soľou a korením.

Omeleta na neskoré raňajky

Porcie 1–2

Omeleta v severoamerickom štýle sa tradične podáva na nedeľné neskoré raňajky. Brunch omeleta môže byť ochutená a naplnená ako klasická omeleta.

Pripravte ako klasickú omeletu, ale nahraďte 30 ml/2 lyžice vody 45 ml/3 lyžice studeného mlieka. Po odkrytí varíme na plno 1-1½ minúty. Preložíme na tretiny a opatrne preložíme na tanier.

Pošírované vajíčko s taveným syrom

Časť 1

1 plátok toastu s horúcim maslom
45 ml/3 lyžice smotanového syra
Paradajkový kečup (catsup)
1 stratené vajce
60–75 ml/4–5 lyžíc strúhaného syra
Paprika

Toast potrieme smotanovým syrom a potom paradajkovým kečupom. Položte na tanier. Navrch dáme pošírované vajíčko, potom posypeme strúhaným syrom a posypeme paprikou. Zahrievajte nezakryté v režime rozmrazovania 1–1½ minúty, kým sa syr nezačne topiť. Jedzte ihneď.

Vajcia Benedikt

Porcie 1–2

Žiadny nedeľný brunch v Severnej Amerike by nebol kompletný bez Vajcia Benedikta, zlomyseľne bohatej zmesi vajec, ktorá popiera všetky obmedzenia týkajúce sa kalórií a cholesterolu.

Rozdeľte a opečte muffin alebo bábovku. Navrch položte plátok jemne ugrilovanej slaniny, potom obe polovice posypte čerstvo pošírovaným vajíčkom. Potrieme holandskou omáčkou, potom jemne posypeme paprikou. Jedzte ihneď.

Omeleta Arnolda Bennetta

Služby 2

Táto omeleta, o ktorej sa hovorí, že ju vytvoril šéfkuchár v londýnskom hoteli Savoy na počesť slávneho spisovateľa, je monumentálna a nezabudnuteľná na každý veľký deň a oslavu.

175g/6oz údená treska alebo filety z tresky

45 ml/3 lyžice vriacej vody

120 ml/4 fl oz/½ šálky crème fraîche

Čerstvo mleté čierne korenie

Roztopené maslo alebo margarín na potretie

3 vajcia

45 ml/3 polievkové lyžice studeného mlieka

Štipka soli

50 g/2 oz/½ šálky farebného syra Cheddar alebo Red Leicester, strúhaného

Rybu vložte do plytkej misky s vodou. Prikryjeme tanierom a varíme na plno 5 minút. Nechajte 2 minúty odstáť. Scedíme a dužinu načechráme vidličkou. Zapracujeme s crème fraîche a dochutíme korením. Formu s priemerom 20 cm/8 cm vymastíme rozpusteným maslom alebo margarínom. Vajcia dobre rozšľaháme s mliekom a soľou. Naleje sa do taniera. Prikryjeme tanierom a varíme na Plne 3 minúty, pričom v polovici varenia posunieme odsadené okraje do stredu. Odkryjeme a varíme na plno ďalších 30 sekúnd. Potrieme zmesou rýb a smotany a posypeme syrom. Varte odokryté na plnom ohni 1-1 ½ minúty, kým omeleta nie je horúca a syr sa neroztopí. Rozdeľte na dve časti a ihneď podávajte.

Tortilla

Služby 2

Slávna španielska omeleta je okrúhla a plochá ako palacinka. Pohodlne sa kombinuje s kúskami chleba alebo žemle a chrumkavým zeleným šalátom.

15 ml/1 polievková lyžica masla, margarínu alebo olivového oleja

1 cibuľu nakrájanú nadrobno

175 g varených zemiakov nakrájaných na kocky

3 vajcia

5 ml/1 čajová lyžička soli

30 ml/2 polievkové lyžice studenej vody

Maslo, margarín alebo olej vložte do hlbokej misky s priemerom 20 cm/8. Zahrievajte na rozmrazovanie 30-45 sekúnd. Vmiešame cibuľu. Prikryjeme tanierom a 2 minúty varíme v režime rozmrazovania. Zemiaky premiešame. Prikryjeme ako predtým a varíme na plno 1 minútu. Odstráňte z mikrovlnnej rúry. Vajcia dobre rozšľaháme so soľou a vodou. Nalejte rovnomerne na cibuľu a zemiaky. Varte bez pokrievky na plnom ohni 4 ½ minúty, pričom panvicu raz otočte. Necháme 1 minútu postáť, potom rozdelíme na dve časti a každú porciu preložíme na tanier. Jedzte ihneď.

Španielska omeleta s miešanou zeleninou

Služby 2

30 ml/2 lyžice masla, margarínu alebo olivového oleja

1 cibuľu nakrájanú nadrobno

2 paradajky, olúpané a nakrájané

½ malej zelenej alebo červenej papriky, nakrájanej nadrobno

3 vajcia

5–7,5 ml/1–1½ lyžičky soli

30 ml/2 polievkové lyžice studenej vody

Maslo, margarín alebo olej vložte do hlbokej misky s priemerom 20 cm/8. Zahrievajte na rozmrazovanie 1½ minúty. Zmiešajte cibuľu, paradajky a nakrájanú papriku. Prikryjeme tanierom a varíme v režime rozmrazovania 6-7 minút, kým nezmäkne. Vajcia dobre rozšľaháme so soľou a vodou. Nalejte rovnomerne na zeleninu. Prikryjeme tanierom a varíme na plný 5-6 minút, kým vajcia nestuhnú, pričom panvicu raz otočíme. Rozdelíme na polovicu a každú porciu preložíme na tanier. Jedzte ihneď.

Španielska omeleta so šunkou

Služby 2

Pripravte ako miešanú zeleninovú španielsku omeletu, ale k zelenine pridajte 60 ml/4 polievkové lyžice nahrubo nasekanej na vzduchu sušenej španielskej šunky a 1–2 prelisované strúčiky cesnaku a varte ďalších 30 sekúnd.

Vajcia so syrom v zelerovej omáčke

Nosíte 4

Rýchle jedlo na obed alebo večeru, ktoré ponúka veľké jedlo pre vegetariánov.

6 veľkých natvrdo uvarených (uvarených) vajec, olúpaných a rozpolených
300 ml/10 fl oz/1 plechovka Kondenzovaná zelerová polievka

45 ml/3 lyžice smotanového mlieka

175 g strúhaného syra Cheddar

30 ml/2 polievkové lyžice jemne nasekanej petržlenovej vňate

Soľ a čerstvo mleté čierne korenie

15 ml/1 polievková lyžica opraženej strúhanky

2,5 ml/½ lyžičky papriky

Umiestnite polovice vajec do 20 cm/8 palcov hlbokej misky. V samostatnej miske alebo miske jemne premiešajte polievku a mlieko. Zahrievajte bez pokrievky na plný 4 minúty a každú minútu miešajte. Vmiešajte polovicu syra a zohrievajte, odokryté, na vysokej teplote 1–1 1/2 minúty, kým sa neroztopí. Vmiešame petržlenovú vňať, okoreníme podľa chuti a potom po lyžičkách pridáme vajíčka. Posypeme zvyšným syrom, strúhankou a paprikou. Pred podávaním opražte pod rozpáleným grilom (brojlerom).

Fu Yung vajcia

Služby 2

5 ml/1 polievková lyžica masla, margarínu alebo kukuričného oleja

1 cibuľu nakrájanú nadrobno

30 ml/2 ČL uvareného hrášku

30 ml/2 polievkové lyžice varených alebo konzervovaných fazuľových klíčkov

125 g šampiňónov nakrájaných na plátky

3 veľké vajcia

2,5 ml/½ lyžičky soli

30 ml/2 polievkové lyžice studenej vody

5 ml/1 ČL sójovej omáčky

4 jarné cibuľky (cibuľky), nakrájané nadrobno

Maslo, margarín alebo olej vložte do hlbokej misky s priemerom 20 cm/8 a zohrievajte nezakryté na 1 minútu na rozmrazovanie. Vmiešame nakrájanú cibuľu, prikryjeme tanierom a 2 minúty varíme na plno. Vmiešame hrášok, fazuľové klíčky a huby. Prikryte ako predtým a varte na plný 1½ minúty. Vyberte z mikrovlnnej rúry a premiešajte. Vajcia dobre rozšľaháme so soľou, vodou a sójovou omáčkou. Nalejte rovnomerne na zeleninu. Varte bez pokrievky na plný 5 minút a dvakrát otočte. Nechajte pôsobiť 1 minútu. Rozdelíme na polovicu a každú preložíme na vyhriaty tanier. Ozdobíme jarnou cibuľkou a ihneď podávame.

Omeleta s pizzou

Služby 2

Nová pizza, základ vyrobený z plochej omelety namiesto kysnutého cesta.

15 ml/1 polievková lyžica olivového oleja

3 veľké vajcia

45 ml/3 lyžice mlieka

2,5 ml/½ lyžičky soli

4 paradajky, blanšírované, ošúpané a nakrájané na plátky

125 g/4 oz/1 šálka syra Mozzarella, strúhaný

8 plechoviek ančovičiek v oleji

8–12 vykôstkovaných čiernych olív

Vložte olej do hlbokej misky s priemerom 20 cm/8 a zohrievajte nezakrytý v režime rozmrazovania 1 minútu. Vajcia dobre rozšľaháme s mliekom a soľou. Nalejte do misy a prikryte tanierom. Celú cestu povarte 3 minúty, pričom v polovici varenia presuňte nastavené okraje do stredu nádoby. Odkryjeme a varíme na plno ďalších 30 sekúnd. Potrieme paradajkami a syrom, potom ozdobíme ančovičkami a olivami. Varte bez pokrievky na plno 4 minúty a dvakrát otočte. Rozdeľte na polovicu a ihneď podávajte.

Omeleta so suflé

Nosíte 4

1 veľmi čerstvého kapra očisteného a nakrájaného na 8 tenkých plátkov

30 ml/2 lyžice sladového octu

3 mrkvy, nakrájané na tenké plátky

3 cibule, nakrájané na tenké plátky

600 ml/1 pt/2½ šálky vriacej vody

10–15 ml/2–3 ČL soli

Kapra umyte, potom namočte na 3 hodiny do dostatočnej studenej vody s dostatočným množstvom octu, aby bola ryba pokrytá. (Tým sa odstráni bahnitá chuť.) Vložte mrkvu a cibuľu do hlbokého hrnca s priemerom 23 cm/9 s vriacou vodou a soľou. Zakryte potravinovou fóliou (igelitom) a dvakrát prerežte, aby mohla uniknúť para. Varte na plno 20 minút, pričom panvicu štyrikrát otočte. Vypustite, rezervujte kvapalinu. (Zelenina sa dá použiť aj inde do rybacej polievky alebo praženice.) Tekutinu nalejte späť do hrnca. Pridajte kapra v jednej vrstve. Prikryte ako predtým a varte na plný 8 minút, pričom panvicu dvakrát otočte. Nechajte 3 minúty odstáť. Pomocou krájača na ryby preložíme kapra do plytkej misky. Prikryte a ochlaďte. Preneste tekutinu do hrnčeka a ochlaďte, kým nebude mierne želatínová. Nalejte želé na rybu a podávajte.

Rollmops s marhuľami

Nosíte 4

75 g sušených marhúľ
150 ml/¼ pt/2/3 šálky studenej vody
3 kúpené rolky s nakrájanou cibuľou
150 g/5 oz/2/3 šálky crème fraîche
Miešané šalátové listy
Chrumkavý chlieb

Marhule umyte a nakrájajte na malé kúsky. Vložte do misky so studenou vodou. Prikryjeme obráteným tanierom a zohrievame na Full 5 minút. Nechajte 5 minút odstáť. Únik. Rollmopy nakrájajte na pásiky. Pridajte k marhuliam s cibuľou a crème fraîche. Dobre premiešajte. Prikryjeme a necháme 4-5 hodín marinovať v chladničke. Podávame na listoch šalátu s chrumkavým chlebom.

Pošírovaný kipper

Časť 1

Mikrovlnná rúra zastaví prenikanie pachu do domu a zanechá kipper šťavnatý a jemný.

1 veľký nenatretý kipper, približne 450 g/1 lb

120 ml/4 fl oz/½ šálky studenej vody

Maslo alebo margarín

Odrežte kipper a odhoďte chvost. Namočte na 3-4 hodiny do niekoľkých výmen studenej vody, aby ste znížili slanosť, ak chcete, potom sceďte. Vložte do veľkej plytkej misky s vodou. Zakryte potravinovou fóliou (igelitom) a dvakrát prerežte, aby mohla uniknúť para. Varte na plno 4 minúty. Podáva sa na zohriatom tanieri s kúskom masla alebo margarínu.

Krevety Madras

Nosíte 4

25 g/1 oz/2 polievkové lyžice ghí alebo 15 ml/1 polievková lyžica

podzemnicového (arašidového) oleja

2 cibule, nakrájané

2 strúčiky cesnaku, mleté

15 ml/1 polievková lyžica horúceho kari

5 ml/1 čajová lyžička mletého kmínu

5 ml/1 ČL garam masala

Šťava z 1 malej limetky

150 ml/¼ pt/2/3 šálky rybieho alebo zeleninového vývaru

30 ml/2 lyžice paradajkového pretlaku (pasta)

60 ml/4 polievkové lyžice sultánky (zlaté hrozienka)

450 g/1 lb/4 šálky lúpaných kreviet (krevety), rozmrazené, ak sú

zmrazené

175 g/6 oz/¾ šálky dlhozrnnej ryže, varená

Popadoms

Ghee alebo olej vložte do hlbokej misky s priemerom 20 cm/8. Zahrievajte, odkryté, na plno 1 minútu. Cibuľu a cesnak dobre premiešame. Varte odkryté na plnom ohni 3 minúty. Pridajte kari, rascu, garam masalu a citrónovú šťavu. Varte bez pokrievky na plnom ohni 3 minúty a dvakrát premiešajte. Pridajte vývar, paradajkový pretlak a sultánky. Prikryjeme prevráteným tanierom a varíme na plno 5 minút. V prípade potreby krevety sceďte, potom pridajte do misky a premiešajte, aby sa spojili. Varte bez pokrievky na vysokej teplote 1½ minúty. Podávame s ryžou a popadom.

Martini pražmy s omáčkou

Nosíte 4

8 filet z pražmy, každé po 175 g, umyté a vysušené

Soľ a čerstvo mleté čierne korenie

Šťava z 1 citróna

2,5 ml/½ čajovej lyžičky worcesterskej omáčky

25 g/1 oz/2 lyžice masla alebo margarínu

4 šalotky, očistené a nakrájané

100 g/3½ oz/1 šálka varenej šunky, nakrájanej na plátky

400 g šampiňónov nakrájaných na tenké plátky

20 ml/4 čajové lyžičky kukuričnej múky (kukuričný škrob)

20 ml/4 lyžičky studeného mlieka

250 ml/8 fl oz/1 šálka kuracieho vývaru

150 g/¼ kusu/2/3 šálky jednoduchého krému (svetlého).

2,5 ml/½ lyžičky práškového cukru (veľmi jemný).

1,5 ml/¼ lyžičky kurkumy

10 ml/2 čajové lyžičky martini bianco

Rybu dochutíme soľou a korením. Marinujte v citrónovej šťave a worcesterskej omáčke 15-20 minút. V hrnci (panvici) rozpustíme maslo alebo margarín. Pridajte šalotku a jemne opečte (poduste), kým nebude mäkká a priesvitná. Pridajte šunku a huby a smažte 7 minút. Kukuričnú krupicu vymiešame so studeným mliekom do hladka a pridáme zvyšné suroviny. Filety z pražmy zrolujeme a obalíme kokteilovými tyčinkami (páradlami). Umiestnite do hlbokej misky s

priemerom 20 cm/8 palcov. Potrieme hubovou zmesou. Zakryte
potravinovou fóliou (igelitom) a dvakrát prerežte, aby mohla uniknúť
para. Varte na plno 10 minút.